数字供应链金融
数字孪生与数据资产化

段伟常　刘耀军　易福华　著

电子工业出版社
Publishing House of Electronics Industry
北京·BEIJING

内 容 简 介

本书阐述金融科技和供应链金融数字化的最新发展，从供应链金融中的信息不对称这一根源性问题出发，以数字化技术破解这一根源性问题；分析数字供应链金融平台的特点与商业模式，以及技术平台的云计算、零信任技术、物联网与边缘计算等架构；分析主要的数据处理技术，包括计算机视觉技术、隐私计算、零知识证明、人工智能与大数据技术、区块链技术等；对数字供应链金融的高级形式——数字孪生，提出系统构架和构建方法；最后，分析微分格等公司的行业领先解决方案。

本书适合金融和资产管理、数字平台、电子商务、供应链管理等领域的专业人士阅读。

未经许可，不得以任何方式复制或抄袭本书之部分或全部内容。
版权所有，侵权必究。

图书在版编目（CIP）数据

数字供应链金融：数字孪生与数据资产化 / 段伟常，刘耀军，易福华著. —北京：电子工业出版社，2024.1
ISBN 978-7-121-47019-6

Ⅰ.①数⋯ Ⅱ.①段⋯ ②刘⋯ ③易⋯ Ⅲ.①数字技术－应用－供应链管理－金融业务－研究 Ⅳ.①F252.2

中国国家版本馆 CIP 数据核字（2024）第 006609 号

责任编辑：黄爱萍
印　　刷：河北鑫兆源印刷有限公司
装　　订：河北鑫兆源印刷有限公司
出版发行：电子工业出版社
　　　　　北京市海淀区万寿路 173 信箱　　邮编：100036
开　　本：880×1230　1/32　印张：7.25　字数：208.8 千字
版　　次：2024 年 1 月第 1 版
印　　次：2024 年 1 月第 1 次印刷
定　　价：89.00 元

凡所购买电子工业出版社图书有缺损问题，请向购买书店调换。若书店售缺，请与本社发行部联系，联系及邮购电话：（010）88254888，88258888。
质量投诉请发邮件至 zlts@phei.com.cn，盗版侵权举报请发邮件至 dbqq@phei.com.cn。
本书咨询联系方式：faq@phei.com.cn。

前　言

智能工厂和供应链数字化是制造企业数字化的两大组成部分。供应链数字化通过物联网、区块链、人工智能和新型金融科技等数字技术，获取可信数据、构建场景金融和改进风控方法，有望从技术上突破供应链金融实践中的"信息不对称"这一根源性问题，将有效拓宽供应链金融服务的边界。

供应链金融有巨大的潜在市场，但其发展受到诸多技术发展水平和管理因素的影响，数字化是解决该问题的根本方法。数字孪生是企业数字化的最新发展，其结合物联网技术，可解决动产真实性、物权逆源、搜寻成本等一系列关键问题，形成丰富的应用场景、产融商业模式。

本书阐述基于仓单数字孪生构建仓单融资模式，实现数字化供应链金融从全面赋能向数智化重构转化。仓单数字孪生融合来自物联网传感器的实时数据来复制状态和管理行为，结合智能技术、区块链存证和算法建模，实现对"真实""虚拟"两个平行系统的精确控制与协同，实时反映当前资产的状况（环境、生命周期和配置），评估资产的最新状况、预测借款人的未来行为、优化风险控制策略。本书适用于金融和资产管理、数字平台、电子商务、供应链管理等领域的专业人士阅读。

同时，本书以解决供应链金融行业的痛点问题为导向，阐述如何构建数字孪生系统，结合区块链、算法治理等技术，总结国内领先企业的典型实践，提炼数字供应链金融的理论架构，并对关键技术、核心方法、应用模式进行深入剖析。

目 录

第1章 绪论 ... 1

1.1 数字技术驱动下的金融科技创新 ... 1
1.1.1 数字文明背景下的金融技术治理创新 ... 1
1.1.2 金融科技发展历程 ... 3
1.1.3 数字金融在产业转型升级中的重要作用 ... 4

1.2 数字供应链金融的发展逻辑 ... 6
1.2.1 供应链金融的内在逻辑与商业模式 ... 6
1.2.2 数字技术支撑供应链金融创新发展 ... 8
1.2.3 数字供应链金融的内涵 ... 10

1.3 信息不对称与数字供应链金融 ... 11
1.3.1 供应链金融的信息不对称问题 ... 11
1.3.2 数字金融的逻辑：缓解信息不对称 ... 14
1.3.3 数字供应链金融的发展路径 ... 15
1.3.4 数字化推动供应链金融的转型升级 ... 19

1.4 创新点与研究意义 ... 22
1.5 小结 ... 25

第2章 相关理论与数字技术 ... 27

2.1 供应链金融中的信息不对称 ... 27
2.1.1 中小企业融资中的信息不对称 ... 28
2.1.2 信贷配给问题 ... 31
2.1.3 解决信息不对称问题的传统思路 ... 31

2.1.4 破解信息不对称问题的数字技术……………………32
　2.2 可信数据……………………………………………………34
　　　2.2.1 从"立字为据"到"可信数据"……………………34
　　　2.2.2 可信数据的内涵……………………………………35
　　　2.2.3 数字信任……………………………………………36
　　　2.2.4 可信数据管理………………………………………37
　　　2.2.5 可信数据的实现路径………………………………38
　2.3 平台架构与技术……………………………………………41
　　　2.3.1 云计算架构…………………………………………41
　　　2.3.2 零信任架构…………………………………………43
　　　2.3.3 物联网………………………………………………47
　　　2.3.4 边缘计算……………………………………………50
　2.4 数据处理技术………………………………………………54
　　　2.4.1 计算机视觉技术……………………………………54
　　　2.4.2 隐私计算……………………………………………57
　　　2.4.3 零知识证明…………………………………………67
　　　2.4.4 人工智能与大数据技术……………………………71
　　　2.4.5 区块链技术…………………………………………77
　2.5 数字孪生……………………………………………………81
　　　2.5.1 数字孪生的概念及其发展…………………………81
　　　2.5.2 数字孪生的应用价值………………………………82
　　　2.5.3 数字孪生模型构建…………………………………84
　　　2.5.4 数字孪生融合应用…………………………………85
　2.6 小结…………………………………………………………87

第3章 供应链金融科技平台……………………………………89

　3.1 金融科技的应用价值………………………………………89
　3.2 供应链金融科技特征………………………………………91

3.3 供应链金融科技平台的内涵及商业模式 ········· 94
3.3.1 供应链金融科技平台的经济属性 ········· 94
3.3.2 供应链金融科技平台的商业模式设计 ········· 96
3.3.3 供应链金融科技平台的商业模式构建策略 ········· 98
3.4 网络平台中立性 ········· 100
3.4.1 网络平台中立性的一般内涵 ········· 100
3.4.2 供应链金融科技平台的中立性 ········· 101
3.4.3 供应链金融科技平台的非中立行为 ········· 103
3.4.4 供应链金融科技平台存证 ········· 103
3.4.5 案例：银货通金融科技平台 ········· 104
3.5 场景金融服务 ········· 110
3.5.1 场景金融概述 ········· 110
3.5.2 供应链金融场景的定义与内涵 ········· 113
3.5.3 供应链金融场景化构造机理 ········· 115
3.5.4 场景化策略 ········· 118
3.5.5 场景化与风险管理 ········· 120
3.5.6 动产质押监管场景的智能化 ········· 121
3.6 小结 ········· 125

第4章 供应链金融的数字孪生技术 ········· 127

4.1 供应链数字孪生 ········· 127
4.1.1 供应链数字孪生的应用基础 ········· 127
4.1.2 供应链数字孪生解决问题的思路和特征 ········· 128
4.1.3 供应链数字孪生架构 ········· 130
4.1.4 供应链数字孪生的支撑技术 ········· 131
4.1.5 供应链数字孪生的功能与特点 ········· 135
4.1.6 供应链数字孪生的应用 ········· 140

4.2 动产质押融资与仓单数字孪生 ·· 147
4.2.1 动产质押融资 ·· 147
4.2.2 仓单融资 ·· 148
4.2.3 仓单融资与数字技术 ·· 150
4.3 仓单数字孪生 ·· 150
4.3.1 仓单数字孪生概念 ·· 151
4.3.2 可信数据与仓单数字孪生 ·· 151
4.4 仓单数字孪生的应用框架 ·· 154
4.4.1 仓单融资中的信息不对称问题 ···································· 154
4.4.2 仓单数字孪生的总体框架 ·· 155
4.4.3 仓单数字孪生的概念模型 ·· 156
4.4.4 基于法律关系的数字映射 ·· 158
4.5 仓单数字孪生的技术方案 ·· 160
4.6 仓单数字孪生的功能特性 ·· 163
4.6.1 数据双向交互操作 ·· 163
4.6.2 多维度的功能特性 ·· 165
4.6.3 "特定化"机制 ·· 166
4.7 智能风险控制机制 ·· 168
4.7.1 风险管理的思路 ·· 168
4.7.2 平行风险控制 ·· 170
4.8 小结 ··· 173

第5章 数字供应链金融产业实践 ·· 175
5.1 "平台+银行"的产业数字金融创新模式 ································ 175
5.2 场景导向的智能化金融科技平台 ······································ 178
5.2.1 案例——微分格 ·· 178
5.2.2 供应链产品与服务的设计 ·· 180
5.2.3 产品与服务的技术特点 ·· 184

5.3 存货（仓单）融资智能化应用与创新分析 ································· 186
    5.3.1 智能技术应用与服务创新 ·································· 187
    5.3.2 需求的实现与升级 ·· 187
5.4 存货（仓单）融资监管平台建设与运营经验 ························· 191
    5.4.1 金融科技平台建设 ·· 192
    5.4.2 风险管理的实践与创新 ···································· 195
    5.4.3 平台运营规范 ·· 199
5.5 粮食行业存货（仓单）融资智能化实践 ····························· 202
    5.5.1 行业背景 ·· 202
    5.5.2 仓单融资业务痛点 ·· 203
    5.5.3 解决方案 ·· 205
    5.5.4 应用案例 ·· 207
    5.5.5 案例小结 ·· 212
5.6 案例：佳怡供应链一体化协同平台 ································· 212
5.7 案例：佳世网络货运平台 ··· 217

第 1 章　绪　　论

1.1　数字技术驱动下的金融科技创新

1.1.1　数字文明背景下的金融技术治理创新

人类的第五次康波周期由信息技术和互联网所引领，从 20 世纪 90 年代开始到 2023 年已有近 30 年时间。从"信息时代"到"数字化时代"的转变，预示着人类社会已经开启数字文明的新征程。"互联网+"模式快速而全面地向经济、政治、文化、社会各个领域渗透，平台经济、共享经济、网络直播、在线会议、自媒体、元宇宙等新事物层出不穷，以难以逆转的态势全方位渗透到社会经济的各个方面，快速推动各个领域向数字化转型、向虚拟空间转移。继农业文明、工业文明之后，数字文明已成为人类社会的主导形态，衍生出层出不穷的新技术、新观念、新商业模式，数字化对社会生产、人们生活、社会经济形态、国家治理等各方面都产生了重要而深远的影响。

数字文明是由数字技术、数字经济、数字文化与数字社会等多重内涵相互叠加而形成的文明形式。一种新的文明形式的出现总会伴随着一种新的并占主导地位的生产方式。数字技术作为一种新生产工具，改变了传统的以机器生产为技术载体的工具形态和人的生存状态，已成为演绎未来数字文明的技术支撑，且形成了新的人类文明范式：以获取全球范围内的信息、知识和数据为前提，以大数据、人工智能等新一代信息技术为支撑，以数字劳动为新型劳动模式，以数字文化消费为引领，以推动数字经济发展、建构数字社会、满足人类的数字需求为目的。

新一代信息技术在创新生产资料和生产模式方面发生了深刻变革，促进了数字生产力的发展和生产方式的数字化转型；生产方式已由传统的产业生产方式转化为新型的数字生产方式。较之于传统的生产方式，数字生产方式的深刻变革主要体现为：生产工具从机器平台发展到智能化平台；劳动形式从产业劳动发展到数字劳动；生产资料从物质资料发展到信息数据；经济形态从商品经济发展到共享经济。

金融科技是基于新一代信息技术形成的金融创新，其通过创造新业务模式、技术应用流程与产品，从而对金融机构、金融市场及金融服务产生重大影响。金融科技拓宽了金融服务的边界，借助技术力量重塑金融业，推进了普惠金融与金融民主化进程，是全新的金融服务业态。

技术的中性和不完备性使得金融创新面临多种挑战。若信息不对称存在于交易行为发生前，则容易引发逆向选择风险；若存在于交易行为发生后，则容易引发道德风险。

现代金融具有巨大的复杂性、专业性，需要消耗大量的智力资源。人仍然是技术工具和算法的使用主体，技术工具只能依赖人的命令去实施和执行，即使工具和技术是中性的，也难以克服执行者的非理性。所以，不能得出依据技术就能将复杂问题简单化的结论。另外，高度智能化的金融技术，要想达到较高的应用水平也应包括制度供给，缺少相应的制度和组织条件会给技术治理带来很大的影响甚至起阻碍作用。

1.1.2 金融科技发展历程

自2013年后，金融科技极大地推动了中国传统金融机构的转型。互联网科技公司和新兴金融业态大量运用大数据、云计算、人工智能等技术，在金融基础设施、金融服务平台、渠道组合、业务场景等方面进行了深度的变革，解决了服务效率低、移动渠道普及率低、客户服务差等多年来困扰传统金融机构运营的难题，倒逼商业银行等传统金融机构向金融科技型机构转型。我国政府也十分鼓励传统金融机构积极拥抱科技，并与之进行融合，科技与金融进行深度融合已成为趋势。

我国金融科技的发展处于全球领先的地位，历年来在金融科技领域的风险投资占全球风险投资的巨大比重，以及用户市场的巨大规模可以证明这一论断。我国金融科技的发展大致历经了三个阶段：一是金融IT阶段，二是互联网金融阶段，三是金融科技数字化阶段。金融科技公司作为金融科技发展的典型代表，已逐步在支付结算、财富管理、借贷融资、投资咨询等方面引领技术潮流和业态趋势，并开始广泛而深刻地影响传统金融体系。国内金融科技的快速发展将对传统商业银行的经营模式产生颠覆性影响，在此背景下，商业银行等传统金融机构也开启了数字化转型之路。

数字技术与金融创新正走向深度融合，金融科技驱动商业银行战略转型，以适应数字化时代的要求。大量采用了数字化技术的金融机构通过数字化整合运营数据、实施风险评估、基于客户立体描绘和需求分析创新商业模式，这给传统商业银行带来了转型压力。除大数据、云计算这两大基础的技术之外，人工智能、区块链、量子计算等新型技术正在为金融服务、金融企业管理、金融监管等带来全新的模式。

在金融科技进入数字化阶段后，大数据、互联网、云计算、人工智能、区块链等技术在很大程度上改变了传统商业银行的业务模式。而新兴的数字银行已在英国、美国等发达国家出现，数字化的金融科技改变了商业银行的技术环境、竞争环境、客户环境等外部环境，提升了商业银行的营销能力、风险控制、创新能力等组织内部的核心能力，从而驱动商业银行战略转型，推动不同资产规模和资金实力的商业银行差异化发展和战略转型。

1.1.3　数字金融在产业转型升级中的重要作用

技术在一定程度上可以排除人为因素的干扰，以标准化流程来推进金融创新，直观有效地监督金融创新的真实情况，以减少信息不对称问题。

金融科技以数据为基础、以技术为手段，实现产业跨界融合与金融业态的"破坏性创新"，主要表现为：第一，建立新的金融服务模式，信息技术不断渗透传统金融市场体系，影响各方主体的交易习惯、交易方式，逐步实现金融服务模式的数字化与智能化；第二，提升金融市场的运作效率，有效避免传统金融的模式不良、效率低、成本高等缺陷。金融科技以数据为基础，勾勒出不同的客户全面而立体的画像，并通过算法在终端向客户提供与其风险偏好相匹配的金融服务方案。

金融科技作为一种相对独立、具有中立性的技术角色，是当今科学技术快速发展、现代社会高速运转的必然产物，以算法为核心的智能金融时代正在逐步走近。数据是智能金融技术治理的依据和基础，而算法则是智能金融的核心。

中国是全球发展数字经济的先驱者，正处于密集创新期和高速增长期。大数据已成为驱动经济增长的核心要素，是"未来的新石油"。数字经济既是经济提质增效的"新变量"，也是经济转型增长的"新蓝海"，已成为带动新兴产业发展、传统产业转型，促进就业和经济增长的主导力量，同时也是研发投入最集中、创新最活跃、应用最广泛、辐射带动作用最大的新领域。

发展数字金融有利于金融机构在服务产业发展的过程中精准切入区域发展战略、刻画生态场景、深刻挖掘产业数据价值。数字金融的服务创新，不仅能满足产业链企业的支付交易需求、融资需求、风控需求，还可满足企业的办公自动化、客户关系管理、人力资源管理、进销存管理等非金融需求，把金融服务更好地与非金融服务结合起来，不断提升客户黏性，提高产业链中的客户覆盖率，提升金融资源的分配效率和效能。

数字金融有助于提升企业的创新效率，其从覆盖广度、使用深度和数字化程度三个方面对企业的创新产生影响。数字金融的覆盖度越广，金融服务对象就越多，越有利于企业进行全方位信息收集和资源整合，从而帮助企业快速运用数字信息获取优质资源，提升创新效率。数字金融的使用深度是指企业从多个方面深度融合，能够更加精准且高效地获取创新活动所需要的资源。提升企业数字化程度是指利用数字技术和信息优势，为企业提供更加个性化、便捷化和信用化的金融服务。

金融科技平台打通了众多企业与金融机构之间的隔阂，引导金融机构主动为平台上的企业提供直接融资服务，帮助金融机构实现金融服务的精准投放。

1.2 数字供应链金融的发展逻辑

1.2.1 供应链金融的内在逻辑与商业模式

近年来，我国中小企业数量占据市场主体的 90%以上，并且贡献了 80%的就业及 50%以上的税收。中小企业在我国具有重要的经济社会功能，但是其多年来存在融资难和融资贵的问题。央行（中国人民银行）数据显示，中国中小企业贷款余额规模自 2016 年的 27.7 万亿元增长到 2020 年的 43.2 万亿元，年复合增长率达 12.2%，但法人贷款授信仅占 20%左右，这表明我国金融市场虽然总体上供给充足，但仍然存在内部不均衡问题，包括金融市场结构不均衡、银行内部供给不均衡以及金融产品与服务不均衡，缺乏个性化金融服务。

供应链金融是围绕核心企业信用，以联系上下游企业发生真实的交易关系为基础，集合整个供应链物流、资金流和信息流，打造企业和金融机构之间互利互通的一种融资模式。这种结构化融资模式通过构建整个供应链的信息网络，让各节点企业实现资源共享与信息互通，综合考虑"核心企业—上下游企业"的整体信用状况和风险抵御能力，以此作为企业的授信标准，促使供应链的上下游企业能够享受与核心企业类似的授信条件。由于中小企业主体信用评级普遍不足，可抵押资产普遍得不到银行的认可，所以中小企业借助核心企业的信用来开展债项融资成为近年来金融市场的普遍问题，而存货类的融资业务则因技术问题一直发育不良。

供应链金融的主导方主要是资金的供应方，也是风险的承担者，而银行是供应链金融业务中资金的主要提供者和风险承担者，也是供应金融模式创新的主导方。金融机构愿意开展供应链金融业务，其逻辑是以大型核心企业授信为基础，辅以担保、抵质押物为第二还款来源或作为增信机制。在实践中，信用的创新机制多种多样，票、款、权、证、货、设备等都可以作为担保抵押品，同时出现了贴现、保理、应收账款质押、大宗货押、融资租赁等多种形式的业务类型。

新兴的一种资金端是实力强大的核心企业，即"供应链自金融"模式，核心企业在其控制力范围内，结合有效的风控模型及策略，实现以低成本和有效控制风险的模式向全链提供授信，从而形成生态型供应链金融模式。

可见，供应链金融是依赖于供应链结构的个性化金融产品，其中核心企业具有良好的连通能力、信息优势和信用评级，再结合供应链本身的运作特点，可达到银行对供应链的信息、风险及信用的评价标准，使得针对中小型企业的贷款可以暂时忽略其本身信用不足、资产欠缺及经营不稳定等问题。

1.2.2 数字技术支撑供应链金融创新发展

近年来，供应链金融虽然是热点话题，但实际发展速度并不快，且面临着技术、平台、成本及授信等多方面的约束，在市场及业务模式的创新方面有所停滞，具体如下。

（1）适合发展供应链金融的产业和场景并不多

多数产业的供应链结构都较为松散，核心企业对供应链管理意识不高，且信息化水平及协调管理能力不够，难以满足供应链金融的应用条件，同时能够满足银行经营理念要求的核心企业占比较少。

（2）传统金融理念的约束

银行的多级管理和审贷分离制度导致供应链金融工作效率较低，而涉及信用捆绑、动产抵押及质物监管等方面的法律不够完善，这些使得银行在中小企业信贷上的风险厌恶，并没有随着时代的发展而降低。

（3）中小型企业的人际信任并不能有效建立

供应链金融的基础始终是主体信用，是以人际信任为基础来进行金融借贷的，中小型企业规模小、经营时间短，尚未实现稳定运营，不具备完善的财务数据，如果不能得到核心企业的配合与确权，人际信任难以建立。

（4）供应链金融仍然存在风险错配

高度依赖核心企业本身就是一种中心化的风险错配模式。中小企业借助核心企业的信用增信，在一定程度上可以保障金融机构的回款安全。但风控完全依赖核心企业的信用释放，一些核心企业并不具备完善的供应链管理能力及合作共赢的责任意识，甚至用自身的核心地位作为与上下游中小企业进行价格谈判筹码，导致中小企业在融资过程中的话语权进一步降低。可见，高度中心化不利于解决中小企业的融资困境，也有悖于企业降本增效的初衷。

另外，从"核心企业"传递到"上下游企业"的信用扩展模式，使得"捆绑式"的信用评估模式过度依赖核心企业，受核心企业的信用波动影响很大。上下游企业的信用水平不高（如研发、内部管理及外部协调等能力不足），仍然使得供应链金融的效能受限。另外，供应链金融受系统性风险的影响非常大，如政府干预、行业整体预期等都将对供应链整体稳定性产生巨大影响，甚至导致供应链的断裂。

（5）长尾群体不易触达。金融机构在长尾群体的有效触达及风控判别方面受到较大的制约，主因在于信用穿透力不足。具体因素主要有：提供相关服务的平台对供应链末端的服务覆盖率不高；核心企业对于多层级的参与企业准入要求较高；信息化水平不足导致核心企业信用传导不力；缺少足够的风控手段支持信贷资金触达供应链末端。

（6）产融结合受限。产融结合一直是制造业面临的普遍难题，主因在于：一方面，我国金融机构为分业经营模式，在一级市场上占主导地位的商业银行本身不具备对接资本市场的相关职能，导致产业资本与金融资本的融合度不够；另一方面，市场上虽有诸多产业主体以集团财务公司、参股商业银行等形式实现产融结合，但实践仍相对滞后。

（7）信息不对称问题仍然严重

核心企业的高信用并未真正解决中小企业深层次的信息不对称问题，银行在供应链金融中仍然难以得到足够的、全面的信息，从而无法支撑个性化金融服务。

可见，供应链金融的创新发展仍然绕不开"信息不对称"这个问题，只有突破这个问题，才有可能实现跨越式的创新。新一代智慧技术支撑下的金融创新，打破了传统金融服务受硬件设施和地理位置的局限性，利用网络化、信息化和智能化的数字平台，有效缓解信息不对称的问题，为中小企业提供与其需求相匹配的金融服务。

1.2.3 数字供应链金融的内涵

近年来，金融科技的快速发展为供应链金融生态体系构造好了底层基础设施。

供应链运营大量采用物联网和新一代信息技术，使得海量数据实时计算成为可能。区块链技术结合物联网，为供应链金融提供了可信数据的信任机制。大数据及人工智能可对供应链金融风险进行有效的监控与预警，云计算、物联网、数字孪生等技术可对客户进行筛选，进一步缓解信息不对称问题，从而提升金融服务的效率。同时，产业链由信息化快速向数字化转型，为供应链上下游企业和银行等传统金融机构构建数字化平台，使得金融服务更容易获取。

数字技术的全面运用能有效缓解金融服务的痛点，掌握数字技术的企业正成为数字供应链金融创新的主角。金融机构采用数字技术，可为中小企业的融资服务提供更多数据维度识别，更为细致地描绘出中小企业的画像，为复杂的风险判断和校验提供逻辑分析和数据支持，以实施更可信的贷款规则和标准化的批量处理方式。

数字技术主导供应链金融发展的核心逻辑是：结合数字技术获取可信数据、构建场景金融和改进风控方法。数字技术应用带来生产方式甚至商业模式的变革，以业务大数据为基础，通过识别与分析客户需求、风险模式和风险水平等，将传统的供应链企业信用关系以数字化方式来进行表达，甚至将数字化的信用通过网络结构进行传递。

数据是控制供应链金融风险的关键所在，数据涉及数据量、数据维度、数据质量、数据可信度等。供应链金融以真实交易为基础，但供应链松散的结构与严密的交易流程并不同步，各参与机构也尽量利用对信息的控制权来形成对自身有利的因素，而金融机构的金融服务也多为定制化服务，行业差异大、个体差异大，使得金融机构对支撑业务数据和风控数据的获取，需要支付较大的成本，甚至影响到金融服务能否开展。在实践中，要进一步积极引入区块链、智能合约等技术，提升供应链体系内的信息交换效率和数据可信度。

1.3 信息不对称与数字供应链金融

1.3.1 供应链金融的信息不对称问题

资金供给方与需求方存在天然的信息不对称问题，资金供给方难以对需求方的经营状况、资信状况进行有效甄别，甚至需要付出监督成本来对信贷需求方的状况进行确认，金融摩擦也由此产生。信贷领域的信息不对称以及由此衍生的金融摩擦，一直是悬于宏观经济稳定运行之上的"达摩克利斯之剑"。

传统金融在引导资源配置上有着较为明显的风险厌恶偏好，这种"后向型偏好"使得那些具有一定规模和稳定财务建制支撑的企业更容易受到青睐，降低了金融服务实体经济的能力。

信息不对称是造成中小企业陷入融资困境的主要原因。传统融资理论认为，因为中小企业信用基础薄弱及财务报告制度不规范，所以银行等金融机构为了避免贷前的逆向选择及贷后的风险问题，选择对中小企业采取信贷配给，甚至采用惜贷的方式。在融资市场中，中小企业可以利用信号传递来突破融资过程中的信息不对称瓶颈，即中小企业通过向融资机构或者投资者传递体现本企业高信用水平或还款实力的信号，实现必要的融资目的。

有利于中小企业实现融资目的的信号传递主要包括提供抵押、获得第三方信用评级、取得信用担保、加入担保基金等。但在实践中，中小企业融资时，以上类型的信息传递均呈现失效状态，如中小企业普遍缺少健全的财务制度、缺少符合金融机构认可的抵押物等。在供应链中，中小企业可以传递的信号主要包括：与核心企业的关系、管理的稳定性和独特的能力与资源（如知识产权等）等。

供应链金融为融资双方信号的传递提供了有利的环境，有效降低了融资活动中信息展示、搜寻与解读的成本和难度。在供应链网络中对企业能力、交易活动与合作关系的考察是银行为企业提供融资的前提。

供应链金融具有比传统信贷融资更为复杂的场景，其作为一种解决中小企业融资困难的创新手段，主要特征是融入供应链情境，将物流、供应链协作和金融交叉融合，比传统信贷融资更加重视对多维度综合信息的归集和利用，中小企业可以通过选择特定信号向银行揭示自身的经营状况和可能产生的风险。

金融机构很难理解企业的运营逻辑，对于企业复杂的供应链交易流程也十分陌生，所以它们很难理解大量中小企业的融资需求及其背后的融资动机和诉求，风控的核心手段实际更多依赖于金融机构认可的抵押/担保物或担保机构等。

供应链金融的逻辑是利用供应链中核心企业、第三方物流企业的资信能力，来缓解商业银行等金融机构与中小企业之间信息的不对称，从而解决中小企业的抵押/担保物的匮乏问题。但在经营环境急剧变化的背景下，核心企业的高信用在实践中仍然受到极大的质疑，因为那些已经倒下或者正在倒下的大型民营企业，很多都是曾经的"核心企业""主体信用"，而且这类企业使得银行面临巨额的坏账损失。

以大数据、人工智能等为代表的技术可以有效提升商业银行的风险控制和反欺诈水平。大数据技术用于提供更全面的客户信息，人工智能、云计算和区块链等技术可以集中化处理海量数据的客户信息，从而有效缓解了信贷双方信息不对称问题，释放商业银行信贷风险。

1.3.2　数字金融的逻辑：缓解信息不对称

经济学理论提出了一个重要的假设——信息对称，即在市场条件下，要实现公平交易，交易双方掌握的信息就必须对称。倘若交易的一方掌握的信息多，另一方掌握的信息少，则二者存在信息不对称问题，交易就可能做不成；或者即使交易做成了，也很可能是不公平交易。

研究指出，在不规则的市场，如果买者无法观察到商品的内在质量，那么卖者就容易以次充好。在商品市场，由于信息不对称问题，也容易导致高质量的产品从市场中被迫退出，而留下低质量的产品，结果造成市场萎缩。而在信贷市场中，借贷人和放款人之间的信息不对问题称将导致非常高的借贷利率。

传统的供应链金融依靠核心企业的信用传递能力，但在数字化的背景下，金融机构通过可信数字技术获得了关于真实贸易背景的全面信息，掌握了场景端的实时信息，甚至能实时控制场景端，原来的信息不对称问题得到了极大的改善，那么供应链金融的核心逻辑发生变化了吗？

在数字化背景下，信息不对称问题将得到颠覆式的改变，进而以核心企业的信用为依托这一供应链金融的核心逻辑也将被改变，依托信息对称并结合核心企业的信用，将成为数字化时代背景下供应链金融的发展逻辑。在数字化时代，信息的获取和由可信数据产生的信用，将主导个性化金融的底层逻辑，传统的风控措施必将被创新的风险技术所逐步取代。

本书正是从改变信息不对称这一基本命题出发，讲述在供应链体系具备可信数字化能力的前提下，如何构建供应链金融体系问题。只有当金融机构全面、真实地掌握了供应链场景信息时，才能真正厘清信息不对称这一最底层的逻辑。在"四流合一，四性齐备"的供应链金融基本要求中，使用数字技术对场景端货物交付行为的信息有全面了解，获得货物的真实交易状态，可以减少中小企业对核心企业的信用依赖。例如，可信数字化仓储物流实行"强认货，弱认人"原则，通过对物流和运营设施的数字化改造，基于物联网和仿真技术实现资产数字孪生。而这类资产数字孪生建立在信息获取与传统可信的第三方信道上，不受利益相关方的制约，可信地传递给各参与方。

可信数据是缓解信息不对称问题的关键。在供应链金融中，提供可信数据服务的服务商必不可少。可信数据的产生，要求数据提供服务商必须保持商业中立原则。虽然数字技术本身是中立的，但所有技术都是"人造之物"，数据提供服务商仍然是技术中立的保证，可在数字化系统中产生可信交易、可信物流、可信监管和可信交付。在数字化运营中，围绕运输和仓储的数字化场景，可以把取得动产物权的完整过程呈现给各交易方，从而实现信息对称和可信数据视角下的数字化。

1.3.3 数字供应链金融的发展路径

供应链金融数字化是构建供应链金融运营的数字空间，而不是对信息化的简单升级。

传统的信息化在解决供应链中的信息孤岛问题时需要构建供应链金融信息平台，并以此为基础，把供应链管理及金融机构信贷决策所需要的信息，以数字化的方式集中起来并进行处理和使用，管理和金融机构的决策服务。供应链金融一般是科技、产业、金融三方合作的模式。在多方合作的过程中，金融科技公司的作用侧重于将自身积累的科技能力对外进行输出，助力地区政府、大型产业集团或金融机构搭建供应链金融平台，解决资金端和资产端的需求匹配问题。

而供应链金融数字化则创造了一个"新世界"，构建了新的业务场景，其把物理世界的业务场景直接映射或迁移到数字世界，服务于各参与方，甚至为流程中的每一个操作者赋能。把人与人的交互场景从物理世界迁移到数字世界，使用计算机视觉技术实现实时远程监管，将远端的场景搬到了数字世界，使得金融机构和管理者在共享的数字世界中完成各类风险控制和决策操作，节省了交通成本和时间成本。复杂的、远程的、不可控的物理场景都可被直接映射到数字世界中，并实时保持与物理世界同步，效能远远超出传统的人工操作业务模式。

采用数字化技术将业务场景迁移或映射到数字世界，是构建数字化供应链金融的核心内容，也是供应链金融数字化转型的实质。构建物理世界与数字世界相对应的新型业务场景，是传统供应链金融模式向数字化模式转型的内涵，而数字化的创新模式也将产生颠覆式的创新价值，传统模式将逐渐被取代。

供应链金融的数字化转型，就是现有业务场景和业务系统向数字世界迁移的过程，将货物、仓储运营设施、操作人员、管理者等都映射和迁移到数字世界，大量简化现实中的物理流程和场景。映射和迁移后的结果是数字世界中的供应链金融场景成为主场景，这对于供应链金融的商业逻辑和业务创新的影响是巨大的。

供应链金融的数字化转型分为"信息化""数字赋能""智能化"三个阶段，如图1-1所示。

图1-1 供应链金融数字化转型的三个阶段示意图

第一阶段为信息化：全面、系统地构建物理世界的映射。

这一阶段以全面的信息获取和转换来形成数字化的基础。数字化不是从零开始的，是从信息化开始的。信息化是供应链金融数字化转型的第一阶段，这一阶段商业逻辑和业务场景还没有发生显著变化，特别是企业与客户之间的联系与互动并没有太大改变，仍然以物理世界为主，以数字世界为辅。传统的供应链金融主要以线下的人工服务为主，而在经过信息化之后，供应链金融将实现金融服务流程的线上化，会更加高效、便捷。

对于风险评估，传统供应链金融主要依靠企业年报等来分析企业的生产和盈利能力，以评估企业的经营风险。数字供应链金融则依靠数字化技术，搭建全链条的信息平台，使参与企业实现信息共享、互联互通。在服务效率方面，线下业务服务效率低，服务体验不佳；而由线下模式跃迁为线上模式，实现全流程线上化，能够为客户提供更便捷的服务体验。建立场景化、产业级供应链生态圈，金融机构可通过场景创新，深度挖掘企业客户融资需求，将金融服务融入企业客户的生产经营，实现更优质体验的金融服务，并将金融服务融入供应链全生命周期。

第二阶段为数字赋能：业务场景向数字化模式迁移，实现全面的数字赋能。

传统供应链金融的风险管控方法不适用于数字化模式，采用新兴技术进行风险管控是必然的趋势，应积极运用数据分析、智能风险模型、云计算等技术，优化供应链金融风险评估管理模型，提高风险评估水平和风险预警能力。数字赋能在本质上是场景迁移和创新，用户和业务场景从物理世界过渡到数字世界，由数字世界完全承接物理世界的"活动"，但"数字化"并不是对线下模式的完全模仿，而是将用户之间的交互活动与业务流程整合，以构建全新的业务场景：传统以物理世界为主的模式将变成以数字世界为主、物理世界为辅助的模式，数字世界中的场景价值超越物理世界。

第三阶段为智能化：大量采用智能化技术，重构供应链金融商业模式。

在供应链金融数字化的前期，参与方之间的业务场景虽然迁移到了数字世界，但是依然主要依据物理世界的思维习惯和业务规则来处理事情，业务本身（业务审查与风险控制等方面）没有发生本质的变化。而只有独立地以数字化的方式重建业务逻辑和商业逻辑，才能形成新的商业模式，真正发挥数字化的独特优势，并与物理世界的业务场景深度交融、相互影响。供应链金融的数字化核心技术包括大数据、区块链、物联网、边缘计算、隐私计算、数字孪生等。

总之，供应链金融数字化不仅是信息化的升级版，更是对供应链金融商业逻辑和底层业务逻辑的改进。供应链金融数字化在改变金融运行模式、提高金融交易效率、丰富金融产品的同时，也创新了传统金融治理模式。数字治理作为一种以信息技术为基础的新型治理模式，具有"技术创新"、"数据共享"和"多方参与"等特征，为金融治理与数字技术的融合发展提供了全新的思路。

供应链金融数字治理的理念，有利于构建一个智能金融治理体系，使数据的收集和分析更为精准，平台监管和政策法规制定更加及时、有效，风险管控更加协调，最终有利于推进中小企业融资体系的进一步发展和完善。

1.3.4　数字化推动供应链金融的转型升级

供应链金融与数字化具有天然的契合关系。在产业和社会经济全面数字化的背景下，信息流（即数据流）在分析和监测资金的流动情况时，若要全程管控资金风险就要做到充分掌握、洞察和分析相对应的数据。

大数据、人工智能等技术和业务场景的深度融合，可充分挖掘数字化要素的价值，并提供全客户、全链、全流程、多场景化的智慧金融服务，推动金融资源更加精准地满足中小企业的融资需求，加强传统风险控制的薄弱环节，拓展供应链金融服务的广度和深度，提升金融机构在客服、渠道、产品、运营、开发和风控等方面的能力。

金融科技与供应链金融业务场景深度融合，充分挖掘数据的价值，以及探索供应链金融新的商业模式和利润增长点，将是数字化时代背景下供应链金融创新的主旋律。推动供应链金融服务和场景相结合，打造实时感知、智慧服务、产融深度结合的供应链金融生态，在融资需求的筛选和服务过程中融入数字化技术，为实现中小企业深层次的金融服务供需动态平衡提供重要支撑。

1. 精准匹配融资需求

若要对某一产业逻辑有深刻理解和准确把握中小企业融资需求，则需要理解企业融资需求的共性和个性化两大部分，首先构建供应链融资需求的共性视图，建立数据标准；其次，精确把握和刻画融资需求的个性化部分，通过内部与外部多渠道获取客户信息，利用知识图谱为客户进行画像，刻画客户的个性化特征，建立中小企业的全生命周期管理；最后根据场景化来精确匹配客户的融资需求，提高金融产品和服务的契合度和成功率，实现精准营销。

2. 提升渠道整合能力

供应链金融数字化的线上模式是供应链金融服务的主渠道，线下仅为完善风险控制措施和增强客户体验的补充，以线上数字世界为主、线下物理世界为辅的交互模式为客户提供一站式、综合型、智慧化的金融服务，可以真正满足中小企业融资"短、平、快、急"的需求。

3. 提升创新产品能力

在金融科技全面赋能的基础上，进一步整合利用人工智能等技术对金融服务产品和服务流程进行创新，将传统的场景转换为以数字世界为主导的模式，对业务参数集中统一管理和灵活配置，创新与客户的交互方式，智能化提升创新产品的能力和快速部署的能力，依托产业互联网打造数字化的供应链金融产品和服务，及时满足客户个性化、差异化的金融服务需求。

4. 从全面赋能到智能化转型

通过将数字化技术融入到融资服务的全流程之中，构建线上与线下并行的运营模式，在全面赋能和大幅优化运营流程的基础上打造自动化、智能化的商业模式，实现真正意义上的数字化转型。将计算机视觉、机器学习、生物识别、数据挖掘等技术充分应用到客户营销、客户服务、运营管理、风险控制等全流程业务之中，通过联邦计算等技术实现"数据可用而不可见"，对复杂度高的场景业务进行归纳、挖掘和预测。

5. 形成开放平台与生态系统

供应链金融同样追求规模经济效应和范围经济效应，产业体量越大，金融机构的创新空间就越大，而且良好的金融生态需要更大的平台规模。供应链金融平台与政府部门、行业客户、电商平台、金融科技公司开展深度合作，创新金融场景，整合行业优质资源，建立开放智慧的金融生态系统。

6. 提升风险智控能力

整合智能化技术、构建智能风控模型，增强识别风险、监测风险和控制风险的能力。智能化技术可以提升全流程的风险管理能力，实现风控从人控向数控再向智控的转变，包括风险监测预警和早期干预机制，支持可疑交易自动化拦截与风险应急处置。

1.4　创新点与研究意义

　　从信息化到数字化的转型过程中，多数技术都是为了更加便捷、高效、低成本地治理物理世界的各项事务，换句话说，当前的数字化仍然是以孤立系统、功能或性能驱动为主的，最有价值的数据依然散落在物理世界中。数据只有联结成一个整体，才能形成"数字世界"的底盘，形成真正的数据驱动业务的模式，达到数字化的高级阶段。数字化转型使得各离散系统的联系越来越密切，物理世界正在与数字世界进行"采集-映射-交互-融合"的过程，一个与物理世界相映射的数字世界正在形成。

　　多年来，相关领域的理论研究和实践都充分表明，银行对中小企业融资排斥（包括仓单融资）的根源性原因是信息不对称，导致银行搜寻信息的成本高，也容易导致借款人的逆向选择等风险性问题。而信息技术的发展路径表明，信息不对称问题的突破始终是沿着信息技术的创新发展而演进的。物联网和数字孪生是工业 4.0 的两大关键技术，也是驱动供应链金融数字化创新的关键技术。

　　数字孪生作为数字化进程的新阶段，应用数字孪生技术来破解供应链金融的信息不对称问题是逻辑的必然。数字孪生的应用主要集中在复杂产品设计、高价值设备、智慧矿山、智慧城市、服务运营等领域，较少涉及融资领域。

　　本书聚焦于仓单这一重要的动产，提出仓单数字孪生系统理论，具有创新性。以"法律关系"为中心，是仓单数字孪生不同于其他以几何空间特征为主的数字孪生体（如设备、矿山）；从数据采集的可信性到形成数字信任，再到对数据进行模拟仿真，以及"物理－虚拟"之间的数据双向交互操作，都需要以法律关系为基础，而不能直接越过或违背法律关系对物理实体进行直接操作。将"法律关系实体"与"物理实体""虚拟实体"相结合，形成三合一的数字孪生体，突破现有"物理－虚拟"二合一的数字孪生体结构，具有创新性，为资产数字化、数字票据的理论研究提供新视角。

数字孪生的成熟过程是"优化－互动－先知－先觉以及共智"，即通过优化和指令来调控物理实体对象的行为（虚拟－物理交互），以及通过数字模型间的相互学习来进化自身（虚拟－虚拟交互，进化为物理实体的先知、先觉甚至超体）。仓单数字孪生数据双向交互机制是风险控制的关键手段，也是基于数字信任的自动化、智能化的交互模式，为贷前、贷中、贷后风险管理提供新方法。基于上述思想，仓单资产从产生、流通、质押到融资的闭环系统，以"物理－虚拟"的平行系统控制方式，结合智能合约的算法治理、自动执行功能，构建智能风险控制创新机制。

仓单融资潜在市场巨大，这对于缓解中小企业融资难问题有重要意义，对于现有仓单融资机构而言，智能风险控制创新机制不仅可以使其在"物联网+"的基础上升级仓单数字孪生系统，也让拥有高价值存货资产行业在现有信息化基础上积极筹备仓单数字孪生项目的建设，从而为金融行业介入实体经济提供新方法。

（1）寻求金融科技有效突破供应链融资根源性问题的新理论、新方法。仓单融资困境与相关法律法规不完善、金融机构策略差等相关，依靠金融科技解决融资中的信息不对称和逆向选择等问题是最根本的方法。在物联网的基础上，数字孪生将信息集成推进到新的高度，针对仓单物理实体构建数字孪生体是仓单融资的创新模式。

（2）分析供应链金融数字化的内涵与功能特性，基于可信数据等逻辑来构建高水平的信息对称系统（即仓单数字孪生系统），具有创新性。数字孪生是现实世界精准的数字映射，虚拟实体为观察者提供逼近真实的物理实体信息，且虚拟实体与物理实体之间具有动态、精确、实时、双向交互等特点，从而使得银行在供应链金融业务中，从"严重的信息不对称状态"，转换到可接受的"信息对称状态"。

（3）通过提炼仓单数字孪生及其构建机理的科学问题，从更为广阔的视野审视、扩展数字仓单融资理论。数字孪生体是实物资产、流程或服务的虚拟副本，是由高质量数据构成的。仓单数字孪生除了共享现实世界中对应对象的物理特征外，还通过融合来自物联网传感器的实时数据来复制状态和管理行为，进而将预测信息反馈给物理对象，并影响物理对象的行为，实现"虚拟"与"物理"的交互影响与控制。

（4）在实践创新价值方面，为管理者和金融机构在数字化过程中的创新提供理论与方法支撑，可为银行交易平台及业务系统构建提供支持。金融机构针对中小企业的信贷成本主要为信息不对称条件下的信息搜寻成本，而仓单数字孪生则为信息搜寻提供创新的渠道及方法。

（5）为仓单融资的风险管理创新、商业模式创新提供依据。改进信息不对称、提高可信数据对事实的证据力、增强智能合约的技术自治机制，将为贷前、贷中、贷后风险管理提供新思路和新模式，在资产可视化、智能合约及数据双向交互操作的模式下，为诸多金融场景提供风险管理对策。

我国中小企业融资难问题一直存在，中小企业普遍面临严峻的现金流压力。数字孪生是制造流通业数字化的高级模式，而仓单是现货交易的最高级模式，所以对仓单数字孪生理论与实践的研究具前瞻性，又有实践的必要性。虽然资产数字化和资产数字孪生的研究尚处在起步探索阶段，但在质押融资理论、分离均衡、信号理论、智能合约、物联网等领域已有丰富的较成熟的研究成果，为本书构建理论框架提供了坚实的理论依据。

1.5 小结

金融科技以数据为基础、以技术为手段，对于实现产业跨界融合与金融业态的"破坏性创新"具有巨大优势。金融科技平台以提供数据服务为中心，从大数据走向小数据，对融资场景的刻画也越来越细化，为精准、有效解决中小企业的融资问题提供解决方案。

信息不对称是造成中小企业陷入融资困境的主要原因。只有当金融机构全面、真实地掌握了供应链场景信息时，才能有效缓解信息不对称这一最底层的逻辑问题。

数字化是构建供应链金融运营的数字空间，不是对信息化的简单升级。将业务场景迁移或映射到数字世界，是构建供应链金融数字化的核心内容。供应链金融的数字化转型分为"信息化""数字赋能""智能化"三个阶段。

物联网和数字孪生是工业 4.0 的两大关键技术,也是驱动供应链金融数字化创新的关键技术。将数字孪生聚焦于仓单这一重要的动产,提出仓单数字孪生系统理论,具有创新性。

第 2 章 相关理论与数字技术

2.1 供应链金融中的信息不对称

经济系统的交易行为普遍存在信息不对称的现象，即交易双方都拥有一些对方不知道的非公开信息，并可在交易中策略性地利用这种信息为己方谋利。传统的经济学提出竞争市场的"完全信息假设"，认为交易的商品量是由供求相等这个条件决定的。但是，在"不对称信息"这个变量之下，容易出现"逆选择"情形，即质量差的商品把质量好的商品驱逐出市场，从而导致市场的最终成交数量低于供求双方想要成交的数量；不对称信息还会导致"道德危险"情形。

信息不对称理论产生于 20 世纪 70 年代，其后得到迅速发展，且在 2001 年有三位学者因研究信息不对称理论获得诺贝尔经济学奖。该理论被广泛应用于经济领域，其中在资本市场的应用有力地解释了中小企业融资困境的形成原因：中小企业直接融资渠道受阻，银行贷款是中小企业融资的主要方式，但银行与中小企业之间存在较为严重的信息不对称问题，中小企业缺乏必要的抵押物，使得它们不得不受制于授信贷款。

2.1.1 中小企业融资中的信息不对称

信息不对称理论认为市场上进行交易的双方所拥有的信息是存在差异的，若一方拥有较多或者完全的信息，则在交易中处于有利的地位，若另一方拥有较少或者不完全的信息，则处于不利的地位。

信息的价值在于"消除不确定性"，以数据、报表、指令为载体反映环境事实中可通信的内容。主体掌握的信息量的增加可以降低交易的不确定性；信息与风险之间是此消彼长的关系，信息不对称使得行为人之间拥有的信息量不对等，信息掌握的全面与否决定着一项经济活动风险的大小。

由于未来具有不确定性，以及资金使用具有时间与空间上的跨度，所以任何借贷行为都具有风险。

资金融通市场上的信息不对称主要包括以下三种情况。

（1）发生在事前，关于资金需求方质量的信息不对称。

（2）发生在事中，关于资金需求方自身经营能力的信息不对称。

（3）发生在事后，关于资金需求方行为选择的信息不对称。

例如，商业银行"三要求"与中小企业"三无"之间就存在信息不对称的情况，如图2-1所示。

商业银行的传统信贷产品在追求利润最大化和降低承担的风险时，通常将"三要求"作为放贷的前置条件，即向申请融资的企业要求提供抵押担保、央行征信记录和正规财务报表。但资金供给方的"三要求"不适合中小企业"小、多、散、幼、弱"的自然特征，中小企业具有"无抵押担保、无央行征信信贷记录、无规范财务报表"的"三无"特点，使得商业银行与中小企业之间信息不对称和风险收益不匹配。

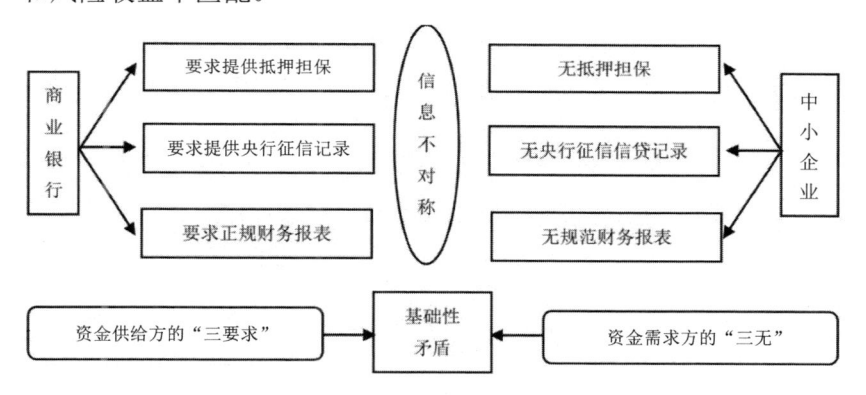

图 2-1　商业银行"三要求"与中小企业"三无"的矛盾示意图

资金供给方的"三要求"与资金需求方的"三无"构成了发展中小企业金融业务的基础性矛盾。

中小企业作为需求方，其自然特征和融资需求特点具有极强的天然性，很难在短时间内改变，而银行是资金供给方，也是市场中的强势方，同样不会轻易让步。因此，在供需双方都不会轻易转变的情况下，解决这一基础性矛盾的出路就是数字技术的创新，开辟产品设计思路，努力寻找适应中小企业融资需求特点的产品创新路径，提高银行可以接受的信息不对称水平，提高资金的有效供给率，实现互利共赢。

信息不对称对于中小企业融资问题的结论如下。

（1）中小企业自身的信息不透明度较高，使得其在直接资本市场融资的成本过高，从而被排除在直接资本市场之外，造成融资渠道狭窄。

（2）中小企业融资需求具有单次借款量少、借款频率高、要求放款时间短等特点，加之中小企业处于成长为成熟大企业生命周期的前期，其财务制度并不完善，财务信息披露滞后，银行缺乏开展中小企业贷款业务的动力。

（3）在宏观方面，当国家实施较之前更稳健的货币政策时，若银根收紧，则中小企业的贷款规模是最先被压缩的，获得贷款的难度也会被提升。

（4）企业的生命周期分为创立期、成长期、成熟期和衰退期，中小企业融资选择的变化主要源于企业信息不对称程度的变化，比如严重的信息不对称使得处于发展初期阶段的中小企业主要借助内源融资的方式获得资金支持。

（5）如何破解信息不对称导致的中小企业融资难题？关系型借贷是解决这一难题的最佳方式，其对帮助中小企业融得高额资金具有重要作用，但中小企业需要付出较高的贷款成本。

（6）中小企业为了降低与金融机构的信息不对称程度，采用与少数银行保持关系的策略。

（7）因为信息不对称发生在事前（即交易双方达成协议之前），所以容易出现"逆向选择"的现象。

（8）若信息不对称发生在交易达成后，则容易引发"道德风险"。

2.1.2 信贷配给问题

信贷配给是指在一定利率条件下贷款的需求超过了供给，金融机构在审核借款人的贷款申请时，通常会拒绝一部分申请，即使这部分申请人愿意支付更高的利息也得不到贷款。

银行贷款的供给量水平与其预期的平均收益成正比，然而因贷款所产生的预期平均收益与资金需求方的风险系数成反比。银行提高贷款利率后将产生以下两种效应。

（1）银行增加收益。

（2）将高质量的项目挤出市场，使得符合贷款条件的低质量项目或企业增多，发生逆向选择现象。

在实践中，当资金需求方的质量水平偏低（即银行贷款利率处于较高水平）时，中小企业发生违约的概率偏高。贷款利率高意味着银行将面临较高的违约风险，所以银行不会轻易提高利率水平，而由此产生的供需差额只好由信贷配给来解决。

可见，银行的贷款供给只能满足部分贷款需求，甚至无论是否存在政府干预，信贷配给都将作为一种长期状态而存在。在中小企业融资中，只有当"信息不对称"这一天然性、根源性问题得到有效解决，才能大幅缓解中小企业融资难问题。

2.1.3 解决信息不对称问题的传统思路

降低信息不对称程度是缓解中小企业融资难问题的根本所在，内涵如下。

（1）降低银行获得企业真实财务信息的难度，或者解决获得信息成本太高的问题。比如由具有权威和公信力的部门进行中小企业信息的采集和信用评级工作；银行方面尽可能降低中小企业申请贷款的成本，建立一套与中小企业融资需求特点相一致的贷款审批制度。

（2）提升信息的有效性。企业增加完善的财务管理制度或者权威的、具有公信力的机构介入信息采集过程。

（3）在制度方面，评级体系需搭配守信奖励、失信惩罚的制度才能发挥最大的作用。如果失信惩罚制度缺失及失信成本过低，则在客观上纵容了中小企业的不守信行为，且守信奖励制度的空缺也会影响企业守信的积极性。

（4）扩大担保贷款在中小企业贷款中所占的比例。在实践中，"物的担保"在缓解中小企业融资难题方面的作用不大，主要原因在于担保品种和形态过于单一。物的担保方式主要有抵押、质押及留置，在实践中主要为抵押，而银行认可的中小企业抵押物的种类非常有限，所以如何采用技术手段提供"物的担保"，具有重要的实践意义。

2.1.4 破解信息不对称问题的数字技术

在企业进行数字化转型及由云计算等技术带来的算力大规模增加的基础上，银行得以充分应用大数据、人工智能等科技手段，在更强的风控能力下，以更快的放款速度来提供更加多元化的贷款服务，同时采用密码学、大数据、物联网等技术来解决票据真实性、网络存证等问题。

供应链金融科技平台通过大数据挖掘可以有效掌握交易和资金流的真实性，实现低成本的风险定价和风险管理；物联网可提高数据的真实性和及时性，远程实施实时监控质押物。例如，使用"大数据+区块链"技术可加快构建全国统一的票据市场，提高票据的真实性和监管效能。

在仓单等动产融资中，使用区块链技术解决信息不对称的问题是研究的热点。对于动产融资，区块链技术可以提高银行的风险管控能力、降低操作成本和扩展对二级供应商的融资服务等。当供应链上的企业达到一定数量，且上链信息的质量达到一定水平时，区块链的共识机制所揭示的企业相关信息将逼近于真实信息，从而起到防范企业信息被操纵及恶意欺诈的作用。

区块链技术能够提高供应链上存货、物流、资金流等信息核验的真实性和透明度，向投资者传递有关企业运营能力的信号，进而帮助优质企业以较低的成本获得融资优惠。区块链技术能够支撑多元主体间的有效协调，透视信息传递轨迹，完善金融监管体系，提高风控能力。通过海量数据和大数据风控技术来挖掘企业的信用和风险信息，依靠区块链技术以高质量的"小数据"完成信息甄别、风险防范、事中事后监督等任务。

尽管区块链技术缓解信息不对称的作用已被学术界普遍认可，但其中的治理机制及金融科技如何从根本上改变质押融资运行机理还有待深入研究，国内在跨境金融、资产证券化、票据、供应链金融等领域开始有商业化项目落地。可见，银行在质押类融资中，对于标的物信息的获取和控制，主要依赖精确的"小数据"。

总之，信息不对称、信息搜寻成本高对供应链金融的影响极大，融资场景日益复杂，中小企业融资存在动态响应的需求，需要结合大数据、物联网等技术进行数字化创新。

2.2 可信数据

2.2.1 从"立字为据"到"可信数据"

知识与文明的产生与延续是建立在文字的基础之上的。在没有文字之前，古人以结绳记事；在文字出现、进入纸媒时代以后，人们用契约等书面凭证来代替过去结绳记事的方法，并用印章来代表主体的责任、信用。

当人类进入数字时代后，如何让数字空间的主体行为取信于人？如何验证主体和数字印章的真实性？如何防止数据被篡改？只有创新的技术才能推动人类数字文明时代的到来。区块链技术用一整套组合方案来解决数据的保密问题、交易对手方的确定问题；用哈希算法结合时间戳生成的序列号解决数据的唯一性问题；用共识算法通过一人记录数据、多人监督复核的方案，在没有中间人的前提下来保证记账的真实性、杜绝造假的问题；用智能合约来保证业务逻辑的自动强制执行，从而创建一种数字世界中的可信基础架构与分布式计算范式。

区块链技术开启了数字时代的可信数据（Trusted Data）之门。

2.2.2 可信数据的内涵

数据作为一种具有巨大潜力的价值资源，越来越被人们重视。数据的来源、存储和共享应当在安全可信的环境中进行，安全可信的环境包括强大的认证系统、完善的基础设施、个性化设备等，在此条件下，可确保数据的准确、真实、可获取、合规、保密、完整、可靠、安全和透明。可信数据有证明事实的证明力，从法律的角度看，可信数据是证据，可用于司法的证据采信、事实认定，在实践中具有重要的应用价值。

信息是用来表征和证明事实的，真实的信息是事实成立的基础。只有可信的数据才能用来表达和证明事情的真实性，所以真实、可信是信息价值的起点。可信数据使得信息逼近真实，信息越能证明事实，就越具有价值。

在数字世界中，人对系统信任，就必然要解决数据的可信问题。信息作为一种人造的符号，在网络中的传递成本极低，这是信息化的优点，但信息具有极易被篡改且又难以被验证的缺点。在实践中，既要保持信息不被篡改的状态，又要有方法来验证接收的信息是没有被篡改的。

可信数据的内涵包括以下方面。

（1）存储可信性，指数据处理结果一旦被确认，就不会丢失或被篡改。这要求系统在发生存储、通信故障及受到蓄意攻击时，仍能确保所存储数据的正确性。

（2）处理可信性，一方面是指对数据处理的正确性，另一方面是指数据处理过程和结果可审计与可溯源。前者要求数据被并发控制，而后者则要求系统不仅保存数据的最终状态，还要保存数据处理的过程。

（3）处理过程和结果的可审计及可溯源。在节点不可信的对等网络环境中，数据溯源是数据管理中的一项重要技术，在科学数据管理和数据仓库中有着广泛的应用。外部访问可信性是指对用户访问的认证，在实现机制上，它依赖于分布式身份认证等技术，与具体的应用场景和业务紧密相关。

（4）可信数据的生命周期管理。只有确保数据在生命周期的各个阶段中可信，才能保证数据、数据处理和管理过程也可信，从而提供可信的数据服务。可信数据的生命周期管理包括生成、获取、存储、共享、应用和评估。

2.2.3 数字信任

在农业经济模式下，社会经济中的信任关系主要有熟人关系、血缘关系等，具有地理区域性和自然属性；在工业化主导的市场经济下，法治社会及各项制度建立了陌生人之间的信任关系；而在数字文明时代，数字空间及数字经济中的信任关系则以数字信任模式为主。

数字信任是数字空间中的个人、企业和政府基于数字技术建立的数字身份识别和双向交互型信任关系，也是建立在人际信任和制度信任基础之上的信任拓展。用户通过数字身份与网络设备相连，在数字空间的所有通信、社交、交易、搜索、娱乐等活动，都是基于可信数据来完成的。

数字信任构建了人与机器等各种信任关系，人们相信承载数字空间的软件、硬件和平台具有可靠性、安全性，更重要的是数据可信。数字信任是支撑数字空间所有行为的基础，是信任关系更高级的形态。数字信任使得基于数字空间的交易成本更低。

在供应链金融的数字信任实现过程中，对数据的要求如下。

一是实时性，在零延迟条件下获取供应链具体运营和各种金融活动的数据，以规避数据反馈延迟所导致的机会主义及道德风险。

二是透明性，利益相关方有权获取足够的信息，可获取供应链具体运营及金融活动过程中所出现的任何数据，尽量达到信息对称水平。

三是关联性，供应链在运营过程中的每一个维度、每一个环节的数据都应该可以互相印证、互相映射。

四是可溯源性，在供应链的具体运营及金融活动的整个生命周期内，其数据都可以被监测、追踪及管理。

2.2.4 可信数据管理

数据采集和数据管理都需要确保数据的可信性。数据采集已经从手工操作记录数据发展到自动采集数据，用物联网传感器替代人工操作。随着电子技术的创新和发展，数字跟踪设备的大量涌现，数据的采集已实现自动化，采集产生的误差率骤降，使得伪造数据的可能性显著降低。

在数据产生以后，如何提高共享数据过程中数据存储的安全性和增强数据共享的可信性成为新的核心问题。可信数据或可信的数据库管理系统，需要从三个层面确保数据的可信性，即存储可信性（包括数据采集）、处理可信性及外部访问可信性。

数字技术介入人际信任、系统信任，发展出数字信任这一新的社会信任模式。数字信任是以数字技术为中介的综合信任，也是人际信任、系统信任与技术信任的综合体。

2.2.5 可信数据的实现路径

可信数据是数字化转型的关键，数字经济时代的核心是可信技术与可信数据，从"立字为据"到"立数字为据"，区块链技术堪称可信数字时代的重要基石，若数据不可信，那么所有的数字化建设都是"空中楼阁"。

可信数据的实现路径主要依赖技术治理，从环境安全、政策维度、技术维度和数据质量四个方面进行规范。就微观层面而言，技术维度和数据质量更为重要。

1. 区块链技术与信息真实性

区块链技术采用分布式账本的方式使保存在区块链中的信息无法被篡改，实现了信息保真机制。区块链技术可以证明文件或通信的存在性、完整性和所有权。信息保真机制是存证功能的核心机制，也是区块链技术最重要、最基础的功能。信息真实性原理示意图如图 2-2 所示。

在真实的客观事实（源头）发生后，会形成主观的信息，而信息在经过分布式账本以后，由区块存储，并具有不可篡改性、可验证性和可追溯性，实现了信息保真，这些存证的信息可作为证据，用于证明曾经发生的客观事实。

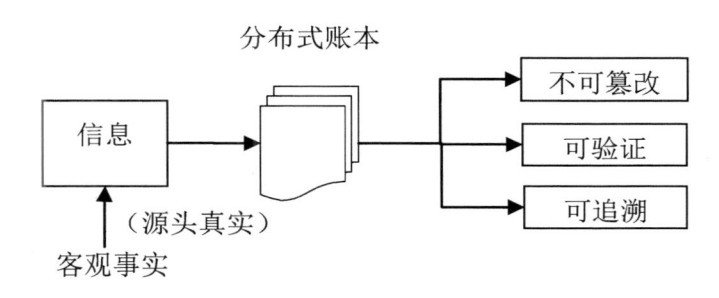

图 2-2　信息真实性原理示意图

（1）源头真实是信息真实性的前提和基础。如果源头不真实，那么相关的信息及证据很可能是人造的假信息，用以掩盖事实真相。所以，如果源头不真实，那么后面形成的信息无论以何种方式存在，都是没有价值的。

（2）传播真实性。信息被保存在区块链中，进入人造模式；当信息以一定的方式进行传播时，要求传播过程的任何环节都不能对信息进行篡改，只有这样才能保证信息的原始性和真实性。

（3）可追溯。信息被多次传播后，仍然要能追溯其源头及传播的过程，这也是保证信息真实性的重要方法。区块链中的身份验证、链式记账和分布式存取是实现信息可追溯的技术方案。

在数字化环境下，对信息真实性的识别只能通过技术验证才能实现，而只有确认了信息真实性，交易者之间才能形成稳定的共识，从而产生信任、达成交易。

区块链技术只能保证加密、记账后的信息不能被篡改，而不能保证存储之前的信息的质量与真实性。数据信息在进入区块链之前，即使存在"错误、不真实"问题，区块链也完全不能对这些"错误、不真实"信息进行检验、排除、监管。

区块链技术只能保证在记账存证后或信息传递过程中的信息不能被篡改，无法保证存储之前的信息质量。源头信息的真实性仍然需要传统的技术或人工来进行保障。所以，区块链技术不是改善、提高信息的真实性，而是维持信息质量的不改变。

2. 基于分布式账本的可信数据

区块链技术可用于在不完全可信环境中建立可信数据管理。区块链具有去中心化、防篡改、不可抵赖、强一致和完整性等特性，也存在高延迟和低吞吐率的性能问题，同时，区块链技术可以高效地解决数据共享时的隐私和安全问题。

数字化的价值建立在信息真实性的基础之上，应严格把关源头信息的质量，以及保证信息传递过程中不被篡改。高质量的信息，一方面来自对信息质量的严格把关，另一方面是信息以区块链的方式存在于虚拟空间而保持不变（不可篡改）。

源头数据真实是可信数据的基础。如果源头数据有假，那么相关信息及证据很可能是故意的、人造的假数据，若用以欺骗或掩盖事实真相，则具有相当大的危害性，后面形成的数据无论以何种方式存在，都是不可信的。

数据以一定的方式存储，再以一定的方式进行传播，要求传播过程的任何环节都不能对信息的状态、内容进行编辑。数据采集结合分布式账本构成"源头真实+存储真实+传播真实"机制，实现可信数据机制，可信数据形成逻辑示意图如图 2-3 所示。

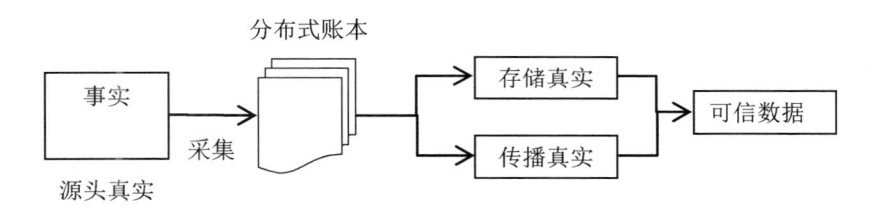

图 2-3 可信数据形成逻辑示意图

可信数据的最终目的是证明事实，一方面需要数据具有真实性，另一方面需要数据具有证明力，二者缺一不可。例如基于物联网智能设备，或采用大数据、人工智能、边缘计算等方法取证，取得用于记录事实的信息，信息真实性（保证与源头信息完全相同）由加密算法来保证，信息的时序性由区块链指向指针来确定，时间戳记录信息产生的时间。

2.3 平台架构与技术

2.3.1 云计算架构

云计算是一种集分布式计算、并行计算、网络存储、负载均衡和虚拟化等技术综合升级应用的计算模式，其通过互联实时地共享计算机设施、存储设备、应用平台和应用程序等计算机资源，IaaS、

PaaS 和 SaaS 三种服务模式分别为客户提供计算基础设施、网络平台和应用程序等方面的服务。云计算结合物联网、大数据、区块链等技术，为供应链上的企业提供高效率的应用环境，降低银行与企业双方的运营成本和风险成本，成为构建智能化的新一代供应链金融平台的基础和关键技术。云计算实质上也是一种数据存储技术，可存储巨大数据量，同时在云上可以突破各个模块的单元限制，打通数据之间因系统分散而形成的技术壁垒。

供应链金融采用云平台服务架构，应利用云计算框架搭建分布式云处理平台，围绕数据管理的可扩展性、安全性和快速部署能力，适应供应链的信用结构和个性化金融业务特点，形成一个具有良好服务性能的金融智能云平台。

云计算架构对于供应链金融的应用价值体现为以下方面。

（1）满足海量数据存储的要求。可以最大限度地存储与供应链金融相关的各类数据信息，从而为商业银行在进行供应链金融决策支持时增强决策的科学性，为后期充分挖掘数据的价值、构建数据湖和数据中台奠定基础。

（2）构建数据通道。形成商业银行与企业及其他供应链金融主体之间的数据通道，商业银行利用云计算获取供应链上各个节点企业的实时数据，让数据驱动成为供应链金融服务的主要模式。

（3）共享软硬件资源，降低总体融资成本。供应链金融是协作性强的金融服务，对参与各方的协作要求极高，业务数据、行业信息、风险信息是构建金融生态的基础。云计算架构能够提供数据资源的共享，可让大量的参与者降低对计算机软硬件资源的投入和维护成本，从而降低总体的融资成本，实现更精准化的融资服务。

（4）满足业务拓展、隐私保护和寻找合作契机的需求。信任是金融服务的基础，通过大数据、区块链等技术，解决参与者对数据隐私保护的刚性需求。金融机构的业务拓展常用先试点后扩展的形式，一步一步地实现项目目标，业务开展和产品创新采用有先有后、有快有慢的步调，借助核心企业和平台技术治理的功能，按交易结构将信用沿供应链逐级传递，直至覆盖整个供应链，最后达到业务规模的最大化。云计算可以有力支撑这种快速扩展型的业务模式，使得新加入的企业能快速实施应用部署，形成产融信任关系和促进生态关系升级。

（5）满足平台功能扩展和数字赋能的要求。平台功能的开发与实施多采用不断迭代的方式来实现，甚至使用边开发、边实施的策略，快速开发和测试新产品同时进行，有利于项目的快速部署和抢占市场。云计算具有强扩展性的特点，有助于快速建构与部署数据模型，按照客户需求提供动态伸缩服务和个性化智能服务。

（6）构建高安全性的 IT 架构。风险的可控性、平台数据的安全性等问题始终是平台计算架构设计的出发点。

2.3.2 零信任架构

在传统 IT 安全模型中，一个组织的内部网络及应用系统的安全对策类似于一座城堡的护城河，主要通过物理隔离的方式（布置防火墙、行为审计防护设备等）建立网络安全防御架构，将组织划分为内网和外网，形成具有内外网络边界的安全体系。

上述安全体系对于外界访问用户具有较高的防御能力，但对于内部访问用户则是宽松的，因为对网络内部的用户采取可信策略。但这种模式的风险是巨大的：外部的攻击者一旦获得对网络的访问权，就获得了系统默认的信任，内部网络的所有资源就都面临着被攻击和被盗窃的风险。若企业的核心业务系统完全依赖于信息系统，那么合法和安全访问就成为焦点问题，需要新的安全管理架构。

2.3.2.1 零信任安全技术原理

零信任安全是一种全新的安全理念和架构，革新了原来以物理边界为隔离方式的安全架构思想，转变为以身份为安全基础的细粒度访问控制，并且访问控制策略需要对请求上下文的信任评估进行动态调整，是一种应对新型IT环境下已知和未知威胁的"内生安全机制"。

"零信任"即假设所有的网络访问（包括网络内部用户和外部用户）都是不可信的，而且假定攻击是不可避免的，所以在经过验证之前不要信任任何访问者。"永不信任，始终验证"是零信任架构的设计原则：企业网络不区分内网、外网，在没有得到合法的访问权限之前，边界内部或外部的任何访问都不可信任，必须对试图连接到网络和系统的任何人和行为都进行验证。

零信任安全，以身份为基础的动态可信访问控制，结合身份、业务访问和动态访问控制等多维度安全策略，基于业务场景的人、流程、环境、访问上下文等多维因素，对信任进行持续评估，并通过信任等级对权限进行动态调整，形成具备较强风险应对能力的动态自适应安全闭环体系。零信任安全原则如下。

原则1：任何访问主体在访问任何资源之前都应经过身份认证和授权，与该主体所处的网络位置无关。

原则2：持续评估所有参与对象的安全状况。

原则3：对每一个访问请求都构建安全通道。

原则4：对访问主体的权限分配遵循最小权限和动态策略的原则。

零信任安全系统主要采用的核心技术如下。

（1）身份安全。身份安全提供身份管理、身份认证和授权，作为零信任系统的技术组件之一，对应零信任架构的"身份安全基础设施"。

（2）身份管理。身份管理是对身份数据的管理。身份管理包含身份识别、数据同步、身份存储、密码管理、特权管理等。

（3）身份认证。身份认证技术用来确认操作者真实身份。公钥密码算法的身份认证技术仍将被广泛应用，多因子认证、动态认证等身份认证技术也会更多地被采用，并且在"全面身份化"的背景下，物联网设备大多采用区块链认证技术。统一身份认证平台搭建在内部各系统之间，用于各系统对用户身份进行统一管理，有利于验证访问者的身份，同时可以把各系统连接起来，在验证完用户身份后，根据用户的权限级别，个性化展示与权限匹配的办公系统。

（4）权限配置。企业内部都有自己的分工协作体系，不同的工作岗位负责不同的工作内容。对于岗位职责之外的事情，员工通常不具备知情权及参与权。只有岗位、权限分配得当，系统才能安全。

统一身份认证平台将权限的配置分为三个层级结构：第一层是用户访问管理层，主要用来验证用户身份，保障用户登录统一平台；第二层是用户信息权限匹配层，根据系统中用户信息和组织架构信息判断用户权限范围；第三层是应用系统层，根据人员权限的匹配结果显示对应的应用系统。

（5）数据加密。数据是信息系统价值的源泉，数据的安全性影响整个系统的运行，为保障信息系统数据安全，在设备端、数据链路端和数据交换节点都应设置加密算法。

2.3.2.2 应用场景

零信任架构根据用户类型、终端类型、数据敏感程度等来构建业务场景，通过低耦合、高内聚原则，将零信任架构的控制平面、数据平面应用于远程服务、大数据平台的数据交互、物联网泛终端接入等。

（1）远程服务场景。远程会议、远程协助、远程办公等远程服务的发展十分快速，但安全性成为这类业务发展的主要制约因素。对远程接入的用户和设备可以实施身份验证和持续授权，解决远程安全接入、动态授权和可控业务访问的问题。

（2）大数据平台的数据交互。一是用户或者外部系统通过数据中心网络访问内部系统数据；二是大数据平台内部之间进行数据交互。

（3）物联网泛终端接入。在物联网实施零信任安全策略，部署边缘物联接入管理设备，建立物联设备标识管理机制，生成由主体属性、环境属性和客体属性构成的物联设备身份指纹,建立物联设备安全基线库。使用主动扫描、被动监听检测、安全接入控制区等方式,解决终端的身份认证和访问控制问题;允许身份可信、经过动态授权的物联设备入网,并对物联终端进行持续信任评估、访问控制,解决物联终端的身份仿冒和恶意访问的问题。

零信任安全依据业务需求的变化而持续进化、升级,并不是一次性、全面替换掉基础设施或固化的流程。零信任理念在企业落地的具体场景分为全新建设零信任架构网络和在已有网络架构上改造升级两种情况。

(1)"全新建设"是指企业准备在新业务系统和网络的规划、建设过程中引入零信任方案,将零信任实施与企业网络建设过程同步进行,在企业网络建设完成时就满足了基本的零信任特性和安全能力要求。

(2)"在已有网络架构上改造升级"是指企业将现有的网络根据零信任理念进行改造,逐步打造零信任安全能力(对现有能力进行升级、替换或者全新部署),并将业务系统逐步迁移到零信任网络中。可先将零信任网络和企业原有网络并行运行一段时间,再慢慢过渡到零信任网络。

2.3.3 物联网

物联网基于计算机互联网,整合移动网络、自动控制、GPS 定位、GIS 信息系统、感应器及激光扫描等技术和其他智能设备,依据一定的规则和方法把物品与互联网连接起来,进行信息和数据的传递与交换，实现目标的智能化和自动化。

供应链金融的场景多发生在以物流园区为中心的空间中，与物联网存在着天然的适应性。物联网具有泛在性、集成性、智能性的特征，物流运作与物联网的高度契合形成现代物流的自动化、信息化、集成化、智能化特征，所以，构建在物联网基础上的物流场景，给供应链金融和供应链运营带来了全方位变革，促进了数字供应链的落地，推动了供应链管理和金融服务能力的提升。

在供应链金融场景中，物联网通过遥感、视频等技术，对动产的形态和场景进行全流程、全方位的监控，实现人与物、物与物的互联互通，确保以可信数据和真实信息来为融资决策提供直接的支持。物联网应用在供应链金融中，可有效控制质物风险、及时了解质物形态，防止质物灭失等风险。

工业物联网是物联网技术在工业领域的拓展。工业物联网将具有感知、监控能力的各类采集、控制传感器或控制器，以及移动通信、智能分析等技术不断融入到工业生产过程的各个环节，从而大幅提高制造效率，改善产品质量，降低产品成本和资源消耗，最终将传统工业提升到智能化的新阶段。工业物联网的应用具有实时性、自动化、安全性等特点。工业物联网标准架构如图2-4所示。

构建在工业物联网基础之上的数字供应链，将结合更多嵌入式智能设备，实现泛在连接，建立起工业生产实体之间的数据交互桥梁，从而实现在泛在感知数据的基础上对供应链管理的精准决策与控制，并深入挖掘海量生产数据，获得更加丰富和实时的信息，为金融服务的创新提供基础架构。

第 2 章 相关理论与数字技术

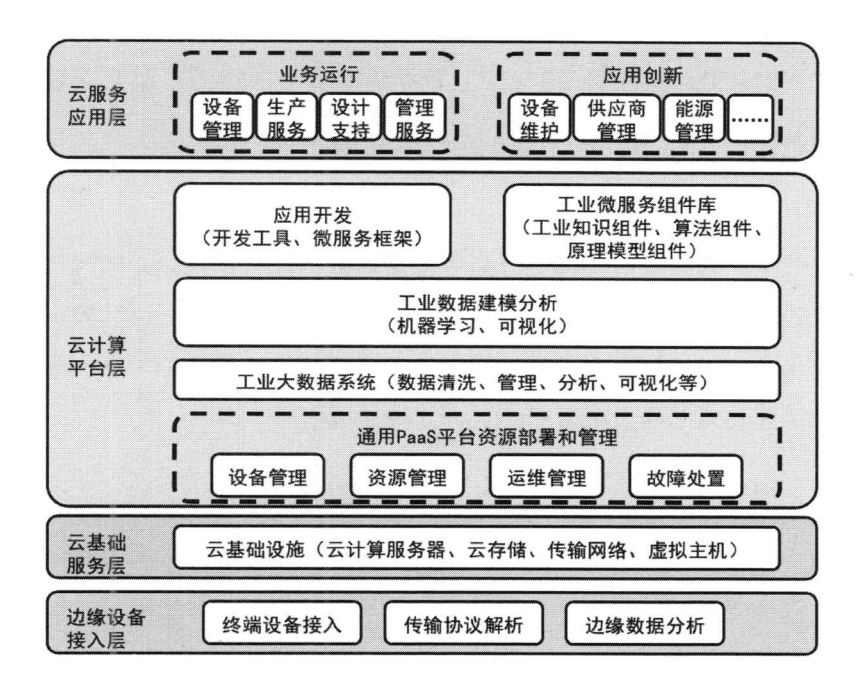

图 2-4 工业物联网标准架构

与工业物联网相结合的数字供应链具有如下特征。

（1）智慧感知

数字供应链可感知制造过程中关键节点的实体状态，以多种嵌入式监控传感设备为核心，实时、精准地采集工业生产设备、机器组件、工人产生的数据，如设备的功能、属性、状态、位置、所处环境等数据。

（2）泛在连接

工业物联网系统由若干子系统组成并存在多个层级，使得数字供应链的数据获取可以实现跨层级、跨子系统，且实体之间具备端到端的高效连接能力，避免交互数据因跨多个层级而形成交互延时或交互瓶颈问题。

（3）边缘自主

工业物联网的顶部层级集中了全局数据，与顶部相距较远的边缘设备采取边缘计算和自主决策，可以有效减少控制回路和数据交互量级。对于频率高、响应快的决策采用边缘计算架构，有利于形成工业物联网的"肌肉记忆"，实现敏捷效应。

（4）精准决策

数字供应链结合工业物联网中各级计算设施产生关键数据，基于数据关联算法、逻辑回归算法等对感知数据进行分析处理，形成预警和风险提示信息、健康信息等，从而形成从细节到宏观的多级数据决策模型。

（5）虚实交融、双向交互

数字供应链利用工业物联网的传感技术和通信技术，强调物理空间与数字空间的实时映射与深度融合，实现数字空间的指令可以直接对现场的生产流程进行监视与控制，并将物理进程的结果反馈给计算进程，实现数字空间与物理空间协同工作。

2.3.4　边缘计算

计算是信息技术的核心功能,从1946年第一台计算机诞生以来，计算模式经历了多种变化：中心化的大型主机→客户端/服务器（C/S）

模式→非中心化的云计算模式。边缘计算是非中心化的云计算模式中一种核心技术。

1. 边缘计算概述

边缘计算在靠近信源和消费者的位置进行关键的信息处理,对远离网络中心的本地化流量进行计算处理,实现资源和服务向边缘位置下沉,从而降低信息交互时延,减轻网络负担,丰富业务类型,优化服务处理,提升服务质量和用户体验。一般而言,时延在20ms以内的网络位置都可按需部署边缘计算节点。

边缘计算与云计算相比,更靠近用户业务数据源头,满足用户在低时延、低带宽成本、安全与隐私保护、弹性敏捷部署等方面的需求。边缘计算已经覆盖了工业、能源、交通、通信等多个行业。

边缘生态包括云厂商、电信运营商、系统集成商等,边缘计算产业全景图覆盖边缘硬件、物联网边缘、边缘云、边缘软件与工具、边缘应用和边缘安全等各环节,助力边缘业务应用落地。

2. 结合物联网的边缘计算

物联网借助各种信息传感技术和传输处理技术,使管理对象的状态能被感知、识别,形成局部应用网络,将互联网和通信网连接在一起,形成人与物、物与物相联系的巨大网络。典型的物联网框架可分为三层:感知层、网络层、应用层。

(1)感知层:数据采集技术主要用于采集物理世界中发生的物理事件的数据,包括各类物理量、标识、音频、视频数据。物联网的数据采集涉及传感器、RFID、多媒体信息采集、二维码和实时定位等技术。

（2）网络层：传感器需要与移动通信技术、互联网技术相融合，把能够感知到的信息无障碍、高可靠性、高安全性地进行传送。经过多年的发展，移动通信技术、互联网技术已比较成熟，基本能够满足物联网数据传输的需求。

（3）应用层：包含应用支撑平台子层和应用服务子层。其中应用支撑平台子层用于支撑跨行业、跨应用、跨系统的信息协同、共享、互通。应用服务子层包括智能交通、智能医疗、智能家居、智能物流、智能电力等行业应用。

公共技术与物联网技术框架的三层都有关系，它包括标识与解析、安全技术、网络管理和服务质量管理。

与一般的物流管理模式相比，数字供应链金融的物联网框架更重视资产安全性、现场应急处理能力、跟踪与溯源功能等，对网络和计算能力提出了更高的要求。数字孪生和实时资产监控要保证资产的安全性和可控性，同时对网络响应的时效性要求也很高，要能处理突发风险事件，系统和管理人员要对前端传来的感知或需求信息快速做出反应，以保证在有限的时间窗口期内完成相应处理。系统应长时间稳定运行，这类系统采用相应的边缘计算架构，主要强化以下几个方面的能力。

（1）动态接入。边缘设备在物流过程中可能出现损坏或恢复情况，甚至可能有新的设备加入，所以允许边缘设备动态接入，可实时掌握边缘设备的运转情况。

（2）细粒度。通过虚拟化技术实现对分散的计算、存储和网络资源的集中统一管理，达到细粒度更高的资源调配与运用，以同时支撑更多应用。

（3）任务调度。基于任务本身优先级和资源适配情况，来调度计算、存储和网络资源，这样不仅能够在更高优先级的突发任务出现时及时挂起当前任务，保存当前任务状态，待高优先级任务完成后继续执行原任务，还能够在边缘设备忽然被损坏或掉线的情况下中止任务，并重新分配资源执行新任务。

（4）减少流量。在实时资产监管物流场景中，一方面要通过云中心实现对边缘设备的统一管理，另一方面也要注意减少控制命令所需要的从云中心到边缘设备的流量，以尽量少占用网络带宽。

在数字孪生及实时存货资产监管中，需要依靠导航和移动网络通信装置、重量传感器等来完成对资产的监控与调度。但在异常事件中，由于网络基础设施被损坏、流量拥塞、信号失真等情况，使得网络通信往往不稳定甚至中断，这会对资产监管的实时性造成影响。例如，在监管场景下，资产通常是同质化的（如多辆车、多批相同货物），可运用轻量级虚拟化技术将各批资产上的导航、通信等装置软硬件解耦，然后为每个资产包配置一个边缘服务器，来完成监管的调度与控制，使得在整个监管场景下，只要有一个设备能够与调度中心正常通信，所有资产的监管信息就都能得到及时传递。这可以提高资产监管的实时性与状态变化的准确性，同时减少通信量和降低对信道的占用率。

2.4 数据处理技术

2.4.1 计算机视觉技术

1. 计算机视觉原理

人脑从外界感受到的信息有 70%以上是视觉信息，包括图形、图像、文字等。视觉信息具有传递速度快、数据量大和距离远等特点，计算机视觉自动识别技术用于对物体图像进行采集、加工、识别和处理，其作为一门交叉学科，具有自动化程度高的特点，能快速获取大量信息，且易于与管理信息系统和工业控制系统集成，被广泛应用于工业、商业、物流等领域，随着企业数字化的推进，计算机视觉在线识别系统应用具有极大的商业价值。

计算机视觉的原理是利用计算机模拟人眼的视觉功能，从图像序列中提取建模信息，对三维景物进行形态和运动识别，以实现对人类视觉功能的扩展，解决实物图像自动检测识别问题，提高检测识别效率和生产过程自动化水平。

D. Marr 视觉计算理论认为，视觉感知可分为以下三个阶段。

（1）早期视觉阶段，目的是提取物体的物理特性，包括物体边缘检测、双目立体匹配、形状纹理确定和光流计算等。

（2）形成物体本征图像，在以视觉观察点为中心的坐标系中描述物体表面的各种特性，根据描述来重建物体边界，按表面和体积分割物体，获得物体的本征图像。

（3）物体三维模型重构，即用物体本征图像中所得到的表面信息建立适合视觉识别的三维形状，在以物体为中心的坐标系中，用各种符号和几何结构描述物体的三维结构和空间关系。

图象处理系统具有实时提取物体特征的能力，以实现对实时图像的分析功能。计算机实时读取来自图象处理系统的特征数据，并在此基础上完成特征数据分析识别和判决、控制图象处理系统的工作流程、与生产线同步通信、检测结果实时向外输送报告等工作。特征数据分析需要特定知识的支持，但在计算机视觉系统中，简单而有效的算法更实用。

计算机视觉涉及人工智能、神经生物学、心理物理学、图像处理、图像理解、模式识别等多个领域，是一门多学科交叉的科学，其中，图像处理、图像理解、模式识别与计算机视觉关系最为密切。

计算机视觉系统的特点是高效、精准和低成本，尤其是在某些不适合人工作业的环境或难以满足人眼要求的场合，用计算机视觉来替代人工视觉，可以大大提高生产效率和生产的自动化程度。

满足实际场景的计算机视觉技术，需要解决以下问题。

（1）如何准确、高速、实时地识别出目标景物？

（2）如何有效地增大存储容量，以便容纳足够细节的目标图像？

（3）如何有效地构造和组织可靠的识别算法，以顺利地实现目标识别？

2. 供应链金融与计算机视觉

计算机视觉与物流系统配合，可以大幅提高服务水平、降低成本和增加效益。

仓库管理系统的应用功能十分复杂，包含订单管理、发货计划、采购管理、报表管理、退货管理等。国内仓库管理系统多采用条码技术和 RFID 技术作为实物和信息流同步的主要载体，但这类技术在资产监管中难以满足实际需求，原因如下。

（1）实施成本较高，易受环境因素的干扰而影响信息的正确识别和传播。

（2）需要供应商和其他物流服务商的密切配合，这种配合的实施难度和成本难以控制，例如 RFID 系统的实施就存在标准化问题。

（3）条码和 RFID 技术获得的信息量不足，商品外观、形态等完整性、安全性信息难以检测。

在仓库管理系统中采用计算机视觉方案，具有以下优势。

（1）灵活、低成本。比使用传感器来收集相关信息更为灵活，因为不需要固定的位置和多个传感器的配合，只需要通过程序的设置和一台摄像机就可实现对多方位信息的收集。

（2）高效、准确。可以替代人工视觉，也可以提高生产效率、信息的准确率。

在实践中，计算机视觉系统需要解决的技术问题如下。

（1）分辨率，这是一项重要指标。不同的应用环境、被测物体大小和精度的差别对计算机视觉系统采样分辨率都有不同的要求。

（2）空间性，必须满足采样定理，保证获取图像空间的分辨率足以表征被测物的最小缺陷尺寸。

（3）灰度，光源必须有足够的亮度，摄像机必须有足够的灵敏度和动态范围。在某些要求极高的场合中，必须研制光学成像系统或增加多套摄像系统。

图像的处理能力和速度是计算机视觉系统的另一个重要指标。在典型的计算机视觉系统中，图像处理应当完成如下任务：精确的维数测量，抑制无用信号，增强有用信号，检测特征尺寸、位置和形状，识别特征表征的物体、标号或缺陷等，确定位置、方向并做出决策。完成上述任务需要相当大的计算量，只靠高性能通用计算机是无法完成的，需要专用的实时图像处理系统与之相配合。

计算机视觉系统是一个集成系统，也是一个面向特定问题的系统，它受到分辨率和图像处理速度两个条件的约束。计算机视觉系统要在满足这两个条件的情况下，对每个子系统进行调整和平衡，以求得最好的性价比。

在物流仓储场景中，外界的光线变化、噪声干扰及场景的复杂情况等，会影响物流目标的检测。基于相关滤波与卷积神经网络的目标跟踪算法可以有效且准确地检测并提取出用户感兴趣的目标，这改善了计算机视觉技术在物流仓储空间管理中存在的问题，进而有效识别物品的状态信息与位置信息，实现仓储空间的高效管理，以适应金融业务对仓储空间控制管理的需求。

2.4.2 隐私计算

大量的信息被以数字化的形式存储在云端，使得共享和使用数据变得非常便捷，但同时也面临隐私泄露的巨大风险。随着数据挖掘算法不断优化，隐私信息很容易暴露在公众的视野中。近年来数据安全事件频发，所以如何在保障用户隐私数据安全的前提下发挥数据的应用价值，是隐私计算需要解决的问题。使用多方安全计算（Secure Multi-Party Computation，MPC）、可信执行环境（Trusted Execution Environment，TEE）、联邦学习（Federated Learning，FL）等为代表的隐私计算技术，构建数据"可用不可见"方案，有助于缓解数据保护与数据利用之间的矛盾，这些技术和方案已经在金融、医疗、政务等领域得到初步应用。

1. 隐私计算概述

数据要素市场对于数据共享和数据安全的双重需求推动隐私计算方法的产生。在社会经济快速向数字化转型的今天，主体开放共赢态度、开展同业或跨业合作是必然趋势，势必要在保证数据隐私的前提下，破除数据孤岛，打破数据壁垒且同时保障数据安全。解决以下多维度数据融合问题需要创新的数据处理方法。

（1）数据安全问题突出。随着新一代智能技术的应用和大型平台的发展，跨主体共享数据的应用场景日益增多，数据共享的价值日益提升。但数据的泄露、滥用、违规交易等风险事件的负面影响也逐步扩大，甚至出现严重侵犯公民隐私及财产安全的刑事案件。构建隐私数据安全防护体系，成为金融、医疗、电子政务等行业实现数据要素融合中必须化解的难题。

（2）关于数据保障的法律法规日趋严格。大型平台、大型企业的应用系统积累了海量的用户隐私数据、敏感数据，这事关公民的合法权益，因此保障数据的安全与风险防范成为监管部门的重要职能。

（3）"数据孤岛"问题日益凸显。受政策、观念、技术等多重因素的影响，不同系统、组织、行业之间的数据安全壁垒日渐加深，导致数据共享开放程度低、数据流转不畅，以往存在的大量"数据孤岛"问题仍然没有得到有效解决，阻碍了数据要素价值的挖掘和流通。促进数据的融合应用已然是许多行业进行数字化转型必须解决的核心问题之一。

隐私计算是在数据本身不对外泄露的前提下实现数据分析计算的一类信息技术，是数据科学、密码学、人工智能等多项技术交叉的新兴学科。隐私计算解决了传统数据共享的三大痛点问题：

（1）实现合规经营，规避政策风险，合规使用数据开展业务。

（2）破除数据孤岛，可实现原始数据不出库就完成数据融合的目标。

（3）解决协作信任问题，支持在数据不对第三方泄露的情况下完成协作。

2. 隐私计算的技术原理

隐私计算的技术实现原理主要分为密码学和可信硬件两大方向。密码学技术以多方安全计算为代表，可信硬件方向是指可信执行环境。

多方安全计算主要是针对在没有可信第三方的情况下，如何安全地计算一个约定函数的问题。通过设计特殊的加密算法和协议，基于密码学原理实现在无可信第三方的情况下，在多个参与方输入的加密数据之上直接进行计算，以交互不可逆的密文数据的方式实现对数据的安全保护，每个参与方都不能得到其他参与方的任何输入信息，只能得到计算结果。由于密码学原理十分复杂，所以多方安全计算的性能相对较低且技术开发难度较大，但近几年密码学技术可用性得到很大的提升。

从产品的角度看，多方安全计算平台是涉及多个节点的分布式计算平台，至少包含 6 类角色：任务发起方、调度方、算法提供方、数据提供方、结果使用方和计算方。角色之间的逻辑视图关系如图 2-5 所示。一个节点可以包括多种角色，如某节点既可能是数据提供方，也可能是计算方；多个节点可以组成同一个角色，如多个节点以集群的方式成为一个计算方。

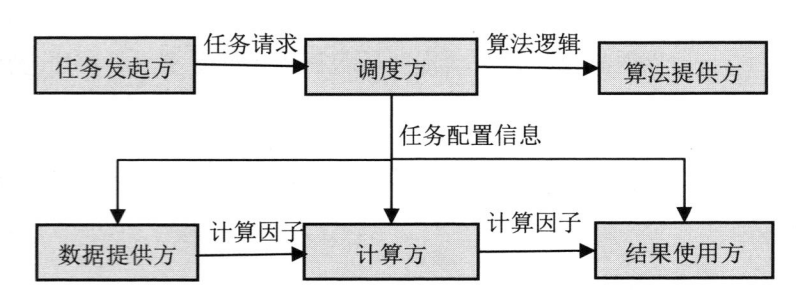

图 2-5 角色之间的逻辑视图关系

可信执行环境采用硬件系统的方式来实现，将执行环境与普通环境隔离开，保留 CPU 的算力共享与硬件资源。可执行环境作为独立的处理环境，无论系统在其他程序中是否面对非法用户或恶意软件的攻击破坏，在可信执行环境中都可安全私密地执行程序，这保证了关键代码和机密数据的安全性与完整性。

可信执行环境本质上是物理上的隔离，通过芯片等硬件技术与上层软件协同对数据进行保护，且同时保留与系统运行环境之间的算力共享。可信执行环境的代表性硬件产品主要有 Intel 的 SGX、ARM 的 TrustZone 等，由此也诞生了很多基于这些硬件产品的商业化实现方案，如百度的 MesaTEE、华为的 iTrustee 等。

严格来讲，可信执行环境并不是"数据可用不可见"的，但其通用性高、开发难度低，在通用计算、复杂算法的实现上更为灵活，所以其在数据保护要求不是特别严苛的场景下仍有很大发挥价值的空间。此外，可信执行环境结合人工智能还提出了联邦学习技术，联邦学习的本质是分布式的机器学习，在保证数据隐私安全的基础上，在不聚合参与方原始数据的前提下实现共同建模，提升模型的应用效果。根据数据集的不同类型，联邦学习分为横向联邦学习、纵向联邦学习与联邦迁移学习。

各类隐私计算技术均有其适用的场景：多方安全计算技术不依赖硬件且具有较高的安全性，但仅支持相对简单的运算逻辑；可信执行环境技术具备更好的性能和算法适用性，但依赖硬件；联邦学习技术则可以解决复杂的算法建模问题，但是性能存在一定瓶颈。

3. 医疗数据共享中的隐私计算应用

医学研究、临床诊断、医疗服务等对基于大数据的统计分析与应用挖掘有着强烈的需求，这些数据规模大、价值高，但要在不同医疗机构之间进行共享、流通却十分困难。一方面是跨机构的数据采集与整合难。同一疾病的不同病例、同一病例的不同疾病等大量的数据往往分布在不同的医疗机构，各医疗机构数据开放共享的意愿本就有限，再加上各医疗机构间的数据标准、编码方式各不相同，所以跨医疗机构的数据研究采集与融合就更加困难。另一方面是跨医疗机构的数据联合应用难。病例的个人医疗数据十分敏感，且诊疗数据复杂，面对个人隐私保护和数据安全的要求，很多医疗机构难免望而却步。

隐私计算为以上难点提供了解决思路。利用隐私计算，在建立分散存储的标准化数据库的基础上，可以实现分布式的联合统计分析，从而获得临床科研的成果。在抗击新冠疫情的过程中，隐私计算助力实现了全球范围内的疫情数据共享。

为实现对传染病的监测与防控，疾控中心通过对健康医疗平台原始病历的分析和处理来监测病例人群。对高风险人群，需要判定他们是否为密切接触人群，这需要集合个体的健康数据、地址信息、工作单位信息、行程信息等来进行综合判断，但这类数据分布在医疗、政务、移动等平台中。利用隐私计算的方法，只需要政务、公安平台授权医疗平台对高危人群的信息进行分析，若发现疑似传染病例，就以服务的方式提供给健康医疗平台中的传染病防控应用。

隐私计算平台与传统的大数据平台相比，有显著不同的特点，具体如下。

（1）开放的生态系统。隐私计算平台以开放数据的形式实现数据生态系统，用户可以在该平台自由探查、浏览数据资源，并在数据所有者的授权下使用这些数据。

（2）AI 赋能：隐私计算平台提供丰富的数据和多样化的数据源使得训练出来的 AI 模型有更好的可移植性；GPU（图形处理器）辅

助的弹性计算使得大规模并行模型训练和部署成为可能。

（3）实现数据流通的价值。在隐私计算平台的数据生态系统里，平台内的数据所有者可以和其他平台用户协作，共同挖掘数据的价值。在平台联盟内，每个平台实例都可以提供数据存储和计算功能。用户可以通过安全计算协议和具体应用，将跨平台的数据打通，实现真正意义上的数据互联。

通过隐私计算平台的方式建立数据开放共享生态，解决了数据隐私保护和安全共享、全流程数据利用安全、需求多样化与单一数据服务方等问题。通过隐私计算可将数据服务转化为标准化的算力服务，加快医疗数据要素流通，推动数字经济更快发展。

4. 隐私计算的金融科技功能

在金融科技赋能中，需要外部数据的共享应用才能架构金融服务平台，基于隐私计算的金融风控和获客成为国内最主要的隐私计算落地场景。近年来，各国都高度重视数据融合的战略布局与隐私安全，隐私计算技术已成为各国科技公司竞相争夺的热门赛道。发展数字经济就必须打破信息不对称的问题，实现信息价值最大化。隐私计算以第三方平台的形式，成为"数据孤岛"的最优解决方案。

隐私计算是机器学习模型下的技术方案，是针对隐私信息全生命周期保护的计算理论和方法。隐私计算技术通过对原始数据的隐私信息进行提炼、度量、融合，结合统计学和密码学理论技术，形成标准化、公式化的计算方法及应用手段，从而达到在不贡献原始数据的情况下对数据计算成果进行使用，且数据脱敏不可逆，实现数据的"可用而不可见、可算而不可识"。

在金融机构与外部数据源的合作过程中,数据风险主要有两个方面:一是大量个人用户的征信信息受到严格的监管要求;二是机构自身业务积累的数据资产和商业秘密。金融机构与运营商、互联网技术服务商、监管平台之间,以及各金融机构之间,可以在不泄露原始信息的前提下,通过隐私计算对客户进行精准画像,可以在信贷评估、产品推荐等场景下有效控制违约风险,提高业务效率。

(1)实现数据安全与赋能之间的平衡。数据的真实性、安全性与隐私性的保障与需求需要达到一定的平衡关系。传统数据流通中的数据处理容易出现敏感数据泄露问题,隐私计算提供了数据流通中的规避敏感信息的技术方法,在满足用户隐私保护、数据安全和法律法规要求的前提下,支持多个机构在协同中进行数据使用和机器学习建模,达到原始数据不流动而数据价值流转的协同效果。通过多方安全计算、联邦学习等技术对信息进行加密,针对原始数据实现按用途与用量的授权使用,并保证数据在使用过程中不被泄露。此外,隐私计算通过与区块链、可信身份验证、零知识证明等技术融合,能够将过程可追溯、身份可信任、数据去标识等技术的信任特性,融入隐私数据保护方案,提升数据的安全性。

(2)打破共享壁垒。隐私计算的核心价值在于分离数据所有权、控制权和使用权,并开创"数据特定用途使用权流通"新模式。数据流通主体可以不再是明文数据本身,而是数据特定的使用价值,甚至可通过计算合约精确限制数据使用价值的具体用途和使用次数,实现数据使用的"可控、可计量"。同时,有效缓解数据价值共享中面临的"不愿、不敢、不能"等难题,更好地实现数据价值融合,释放数据红利,从而进一步激发金融业务创新动能。在中小企业融资中，隐私计算技术将金融、征信、税务、工商等不同主体的数据在"不出域"的前提下进行融合计算，实现对中小企业精准画像，提升中小企业的融资可得性，并降低运营成本。

隐私计算在供应链金融场景中，可有效解决产融生态联盟中的敏感数据处理问题，有助于构建精准反映中小企业信用的"画像系统"。利用隐私计算，参与建模的金融机构和外部数据合作方可以在不直接交互原始数据的前提下，实现多方数据的虚拟融合和样本对齐，各自在本地进行算法训练，对任务的中间因子进行安全交互，在敏感数据不出门的同时完成对用户的画像。

5. 隐私计算赋能供应链金融

隐私计算技术已被广泛应用在普惠金融、联合风控、精准营销、金融监管等业务场景中，且随着数据融合需求的进一步释放，应用场景正快速拓展至金融产品定价、反洗钱、运营管理等领域。

供应链金融在处理跨领域、多维度的数据融合时，涉及跨部门、跨领域的多方合作关系，以及它们的利益关系。在数据源中，特别是政务部门，对数据安全的考量更为严谨，数据共享的难度高、成本大。采用联邦学习方法，各类政务部门可在不暴露原始数据的前提下，通过训练参数对画像主体进行联合建模。各部门对所掌握的不同数据特征，在本地进行算法训练，对各参数进行虚拟融合和样本对齐，形成综合反映企业存续、经营、信用等信息的计量模型，最终实现"敏感数据不出门"，即可完成对中小企业的多方联合画像。

在供应链金融中，企业对存货融资的风险控制普遍持审慎态度，其中对担保货物的有效监控是风险控制难题之一。货主的存货信息不能向市场充分公开，在利用物联网设备对货物进行监控及信息摄取时，可融合隐私计算技术对传导的数据进行加密，解决节点隐私暴露的风险，同时，对货品的位置、形态等进行实时追踪，将位置数据、环境数据、状态数据等保存下来，等处理后再上链。金融机构可根据处理后的货物信息，在贷款全周期流程中实时、精准、全面地分析客户。数据样本的准确度和模型效果的提升还可有效节约传统信贷的审核成本。此外，构建基于隐私计算的仓单数字信用体系，可对各仓内设备数据、仓库管理数据、物流数据等加密上链，保证数据的真实性、关联性、安全性，同时进行仓单画像与评级，实现仓单智能风控。

产业的横向联合指建立区域数据共享平台，有助于产融生态圈的构建。征信联盟或数据金融服务平台的建立是普惠金融数字化改革的重大举措。一些区域型的数据金融服务平台（如广东的"粤信融平台"、浙江的"台州数字金融服务平台"等），集合诸多政务部门的信息数据，基本可以满足金融机构一站式信息查询的需求。政府部门及金融机构将"隐私计算+区块链"技术作为区域数据共享平台及区域征信联盟的基础架构，对加密数据进行上链共享，解决了政务部门对敏感数据的担忧，可让更多的部门参与，使得数据来源更加多维化，以此训练的模型也更加精准有效。在各金融机构之间，也可以通过数据安全融合的方式来了解某一客户整体的实力及风险暴露情况，便于对其进行信贷指导及精准营销，同时建立合理可行的奖励机制，将收益按各方贡献比例进行分配。

产业的纵向联合指构造产业生态圈。产业链之间的对接可形成针对特定产业的网格状产融生态联盟，联盟成员包括政务部门、业内龙头企业、上下游企业、业内服务机构（物流、担保、监理等）、金融机构等。企业利用隐私计算、区块链等技术可在保证数据真实可信、安全隐私的前提下实现数据共享协同。

2.4.3 零知识证明

零知识证明指证实者使验证者确信证实者知道某秘密，但不向验证者泄露有关该秘密的任何有用信息。零知识证明：既能充分证明自己有某种能力，或是某种权益的合法拥有者，或某一个声明属于事实，又不把有关的信息泄露出去——即给外界的"知识"为"零"。零知识证明是密码学的一个重要的分支，比如它能使证明者在不泄露更多信息的情况下使验证者相信某个声明是正确的。

自 1985 年零知识证明概念被首次提出后，其就被开始应用于认证方案、安全加密和区块链技术，多数的加密货币采用零知识证明方案来加强隐私性。零知识证明技术体系包括多个分支，如零知识范围证明、零知识换位证明等。零知识证明在各方面都有广泛的应用，包括匿名可验证投票、数字资产安全交换、安全远程生物特征认证和安全拍卖等。

零知识范围证明即证明者说服验证者相信承诺值是某个公开数据集合中的成员。例如，下发给使用者的证书中有使用者的某些特征，如年龄、地址等，证明者需要证明该使用者居住在中国，但不需要透露具体的位置，即需要证明证书的地址数据属于中国的某个区域，而不需要透露其值，且双方都知道这个区域值是中国境内的某个区域。

验证者可以根据一系列的预先定义的行为来确认证明者的陈述

是否真实，并且不泄露其他的信息。验证者与证明者之间需要来回发送一些数据，以交互式应答为实现方式，这种类型的证明也被称作交互式零知识证明。

下面介绍"金融壹账通"的 3D 零知识证明解决方案。

区块链作为一个共享账本的系统，天然具有数据共享、全量账本、多方协同等特性。但由于区块链中的数据隐私问题与安全中所存在的短板，使得区块链在实际应用中与现有的商业现实相悖。对此，实践中有四种主要的解决方案：可信计算、哈希上链、通道分链和全加密框架，但这四种方案各有优劣，在现有的技术水平下无法兼顾使用效率与加密安全，导致链上数据加密与使用面临两难困境。采用零知识算法可解决上述问题。

3D 零知识算法是一个基于零知识验证的交易账本系统，支持以国密（即国家密码局认定的国产密码算法）或者国际密码算法标准为底层密码基础的零知识证明，具有安全、流动等多个优势，可在极端安全的加密环境下解决数据加密与数据使用间的两难问题。基于零知识算法，可以实现跨账本的密文数据"加""减""乘""除"四则运算后的各类数据关系证明，包括"等于""大于""小于"等。而针对一般零知识算法运行效率低的特点，该算法将零知识证明的运算和验证的时间从数十秒提升到 1 毫秒以内，真正满足业务系统的性能需求，可应用于以下三类主要场景。

应用场景一：数据在密文状态下的运算与验证

在区块链的实际应用中，最常见的场景之一便是通过区块链的分布式系统对来自不同维度（如商流、物流和资金流）、不同地域（如境内和境外）、不同角色的各类参与方提供的数据进行运算和交叉验证，从而多角度、相对客观地验证该笔业务的真实性。例如，在区块链跨境贸易的场景中，针对某一笔特定的进口业务，区块链系统能够帮助监管部门和金融机构，通过境外出口方提供的合同、发票，物流运输方提供的运单、提单，报关行提供的报关单及境内进口方提供的合同、订单等快速甄别贸易的真实性。

以贸易场景为例，来自买方的订单信息、来自卖方的发票信息、来自物流的提运单信息等，所有数据皆以密文的形式存储在区块链上。借助零知识算法，可以使参与方在无须看到明文数据的情况下验证数据的正确性。发票账本下包含发票金额和货物单价两个数据，物流账本下包含货物数量信息。任何参与方都可以做数据的交叉匹配验证来检测贸易的真实性。通过区块链网络可以确保此类信息不会在多个数据存储中出现数据孤岛，保证所有关联参与方看到的和使用的数据为同一份，从而达到防范交易造假或者贸易欺诈等效果。

应用场景二：票据验证

当金融业务涉及多个参与主体时，就需要仔细辨别交易过程中各项票据及结算账款的真实性。

平台上存在三方参与主体，三方参与主体借助零知识证明技术无须看到明文信息就可以验证票据信息的准确性。如图 2-6 所示，平台上的卖家 A 开票给买家 B，发票账户上的货物总金额和货物单价都是加密信息，然后卖家 A 发货给物流企业 C，并且货物数量也是加密信息。与此同时，所有信息都同步共享到整个平台网络，这三方随时都可以通过零知识证明技术进行交叉验证，若货物总金额等于货物单价乘以货物数量，则票据信息为真，反之则说明票据信息不准确，存在操作失误或造假问题。平台上的金融业务交易票据及结算款项的真实性都有了最基本的保障，有利于平台吸引更多的金融业务参与者及投资者，极大地提高了平台的市场竞争力。

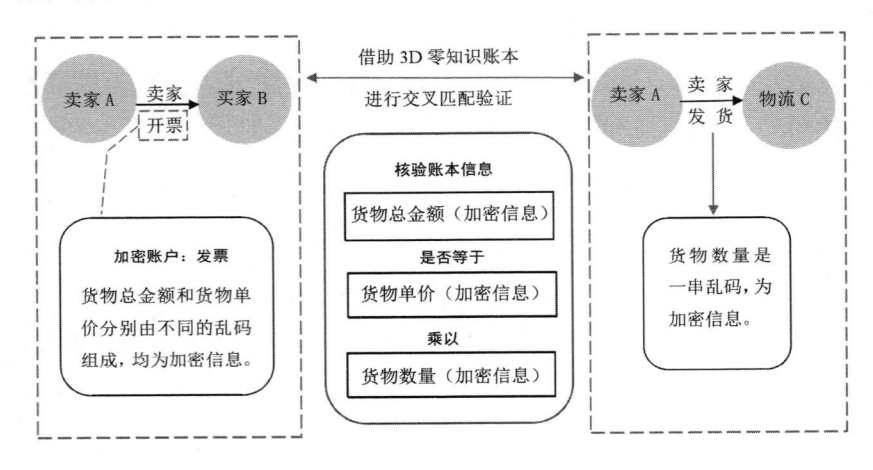

图 2-6　零知识证明技术应用示意图

应用场景三：区块链跨境供应链商品溯源平台

该平台旨在建设一个连通各个国家电子口岸和单一窗口以及各国供应链数据平台的跨境开放信息平台，实现跨境贸易中进出口商品溯源数据可信、可控的交换，以及跨境商品端到端的完整数据集成，并对监管部门、企业及其消费者提供溯源信息查询服务。

行业及隐私保护痛点：虽然市场中已存在不少溯源平台，但能实现对跨境商品追溯的平台较少，缺少行业级的跨境商品溯源平台，其根本原因在于传统中心化、开放式的平台难以在保证数据隐私及数据方掌控权的前提下，链接来自各个国家参与方的商品溯源信息，各参与方也无法在数据安全得不到保障的前提下共享数据。如果缺少出口国内部的溯源数据，以及口岸到口岸的物流、报关数据，则很难真正实现对进口商品的品质监控和对完整供应链流程的溯源。

项目内容及效果：系统采用分布式架构，溯源链条上来自不同地域、不同环节的参与方（如原产国生产商、出口国代理商、运输代理、进出口海关等）均通过各自的密钥加密后上链，对上链信息拥有完整的掌控力，解决了各参与方的后顾之忧。此外，该平台能够通过统一的标准化标识，自动匹配并链接针对同一笔贸易来自不同参与方的溯源信息，并通过零知识算法的运行，在不解密具体数据的前提下，对该笔贸易的商品品类、商品数量、生产日期等信息进行密文状态下的匹配和交叉验证，进一步验证商品溯源的真实性，杜绝信息造假等事件的发生，为监管机构、企业与消费者提供真实可信的进口商品溯源信息。

2.4.4　人工智能与大数据技术

打破金融机构、金融客户、企业、投资者和居民之间的信息壁垒，就必须充分发挥大数据金融便捷、快速进行数据分析和实时处理的能力，降低传统金融市场信息收集、监督履约、谈判及违约处理的成本，使金融交易成本市场区间范围缩小，推动了金融产品竞争价格的形成，优化了金融大数据。依托精准的计算模型和庞大的历史数据，对金融服务整个流程实现全方位贯穿，制定安全性强、效率高的解决方案。自然语言处理、生物识别和机器学习等，都是人工智能应用在金融领域的典型技术。

人工智能与大数据技术的融合应用价值体现在以下两个方面。

一是实现自动化的商业模式和业务流程，降低服务客户的成本，为客户提供量身定制的产品，提升运营效率。例如，人工智能软件实现自动化数字金融服务，各种"机器人顾问"能够自动化多种流程，降低存量客户的服务成本，且可以实现高级的自动化金融顾问和投资平台功能，通过分析客户数据，向每个消费者推荐与其风险状况相匹配的金融产品，并跟踪财务决策；人工智能可用于金融机构和信用评级机构，评估借款人的行为并验证借款人偿还贷款的能力。

二是通过分析复杂的数据集，实现对风险因素更加精确的控制，改进信贷决策。例如，在中小企业贷款中，机器学习算法在生产、销售、按时付款、发货、取消订单和退款等环节，替代数据点记录，评估信用风险和异常预警。

目前金融行业应用最广泛的人工智能技术是机器学习，机器学习可深入分析庞大的金融大数据规律。将机器学习灵活运用到金融业务的不同阶段中，能够进一步简化办事程序、提高效率。自然语言处理技术则可以从行业研究报告等文本中准确获取重要信息和指标，提高金融业数据分析效率和信息收集能力。

【案例】基于"大数据+小数据"的中小企业融资画像的解决方案

金融运行的基础机制需要克服金融资金供需双方之间的信息不对称问题，双方建立信任关系，抑制逆向选择和道德风险，促成交易的安全达成。在传统的供应链金融模式下，建立信任关系和控制风险是通过信用背景调查、资产抵押、贷后跟踪等方式来实现的。在金融科技的支撑下，金融机构基于大数据和机器学习进行客户行为模式分析，获取客户信用画像。

在供应链金融交易中产生的大数据，在信息流的真实性的基础上实现数据的智能化处理，有效提高大数据的穿透力。物联网技术通过传感技术、导航定位技术等控制仓储和货运环节的交易过程，再通过小数据提高供应链金融的精准控制度，基于"大数据+小数据"实现对中小企业的精准画像模型构建。

智慧供应链是有感知的供应链，通过智能化技术的感知为供应链金融参与方提供高效、精准的信息服务。在物联网、大数据、人工智能等新一代技术的赋能下，供应链金融实现全要素智慧化建设和转型，体现个性化、精准化和泛在化的智慧服务。金融机构研究用户画像的本质是研究用户，探求用户真实需求，对用户进行信息分析，准确定义、描述和刻画用户特征，为用户提供更加精准和个性化的融资服务。

1. "小数据"的内涵与功能

供应链金融中的"小数据"是指个体数据，用其构建用户画像能够"见微"，供应链金融中的"大数据"是指全量数据，反映群体特征，用其构建群体画像能够"知著"。在用户画像中，综合运用"大数据+小数据"，既能以小带大、小中见大，又能抓大放小、以大兼小，可以充分发挥大数据与小数据的优势，让大数据体现规律、小数据蕴含智慧，得到最优的融资和风险控制策略。小数据是围绕个体而生成的全方位数据，形成一个富有个体色彩的数据系统，具有鲜明的个体独特性、复杂多样的数据特性、高度的实时动态性和明显的人机交互性。大数据是指能反映群体总体特点的数据。对于供应链而言，现有的数据量映射到全体中小企业上，难以反映个体特定的相关关系和融资规律，因此围绕单个用户的小数据分析可能更具优势。

小数据的数据体量有限、相关性强、价值密度高，可体现出个体的特殊性，而非总体的普遍性。小数据的获取、处理和分析成本很低，但小数据能够准确描述个体的特征和行为，可体现个体的个性化融资需求和风险特点，为融资的智能服务决策制定和风控模型构建提供有力支撑。

2. 小数据的获取

获取用户小数据是实现用户精准画像的基础，用户小数据一般包括用户表达和行为感知两个方面的信息。用户表达是用户需求的直接反映，如用户的采购行为、生产计划、直接的服务反馈等信息，是用户自身可以表达的，也可以通过其他数据直接计算出来。而用户的感知行为信息需要借助特定的技术或设备去感知或进行数据转换，如时空行为轨迹感知、特定情境的行为感知等信息。

为了建立用户精准画像，需要创建用户画像标签。有了上述用户小数据，用户画像标签可由经过数据处理和分析的用户小数据动态生成。

M 表示用户画像标签，公式为 $M=\{M1,M2,M3,M4\}$，$M1$ 表示用户基本信息标签，$M2$ 表示用户场景信息标签，$M3$ 表示用户正常行为信息标签，$M4$ 表示用户异常行为信息标签。用户画像就是用户基本信息、用户场景信息、用户正常行为信息的和用户异常行为信息的标签的集合，可以完整刻画用户在特定时间段内的综合表现。通过上述模型生成的用户标签并不是固定不变的，会随着用户行为、场景等的变化而变化，这种变化可以通过模型进行刻画和描述：如果用 P 表示用户在某个时间点上生成的画像，那么引入时间变量 t，P 就是一个随时间 t 衰减的函数。

在时间上，可以按天、按周等进行时间段的划分，用于探索用户的融资需求规律；用户正常行为信息可以反映用户的行为变化，进一步了解用户在贷中及贷后是否经常出现某行为特点，以发现用户的特定行为模式；用户场景信息反映用户融资时的场景变化，场景无法直接提取，需要借助文本分析、图像识别、视频挖掘等技术手段深层次分析获取。通过以上三个维度可集中反映用户的学习行为，从而获取用户的生产、融资、行为等方面的重要信息。

3. 基于大数据构建用户群体画像

供应链中的每个中小企业在融资过程中都会与其他参与者产生某种关联，从而形成特定的网络关系，同时利用用户小数据可以为每一位用户建立精准画像，但要获得用户的共性规律，以做好对供应链全局的服务，还需要群体画像。与个体精准画像不同，群体画像本质上是对用户进行分组，按照相似性原理将具有相似特征的用户群体组织成一个虚拟整体，并用特定标签对该整体进行描述。群体内的用户有共性特征，也存在一定的差异，因此群体画像是一个将扁平化的用户数据经过不同的数据分析方法形成高度概括化和标签化画像的过程。

为了提高供应链金融总体的服务水平，促进产融的进一步发展，每个中小企业都需要构建群体画像。群体画像构建流程在逻辑上划分为数据层、分析层和概念层。数据层表示用户的各项数据，在群体画像中主要关注用户的各项行为数据，而这些行为数据一般是系统通过日志的方式记录下来的，默认为文本文件或 XML 文件格式；分析层按照特定需求对数据层的各项数据进行分析，典型的分析方法有聚类分析、文本分析、主题分析、网络分析等，通过综合运用这些分析方法，完成用户大数据与画像标签的关联；概念层是标签在特定用户群体上的可视化呈现，可以按照不同的时间段、不同的方式展示群体画像结果。

从用户基本信息、融资需求和供应关系三个方面设计用户群体画像标签。用户基本信息可以显示画像群体数量、企业大小、供应商的级别、地域分布等信息；融资需求反映画像群体融资的关键词，一般为反映融资需求"短、平、快、急"的定性或定量的词；供应关系则以网络图的方式显示，表达供应链结构及与核心企业的关系。在设计群体画像标签后，需要对用户数据进行整合处理。在此基础上，提取所有文本信息的关键词，通过关键词构建用户融资模型。

4. 智慧供应链金融用户画像的应用

用户画像的目的是为智慧供应链金融个性化推荐系统提供智能化支持，为单个用户和群体用户提供个性化资源推荐，实现用户融资需求和资金资源之间的精准映射。用户画像是个性化资源推荐的基础，也是个性化推荐系统的核心，推荐系统需要与用户画像、资金端资源同时交互，从而产生针对用户个体和群体的不同推荐应用。

（1）融资需求推荐。通过精准用户画像，可以获知用户的融资需求是基于"短、平、快、急"哪一种类型的融资需求。针对用户的融资需求，向用户推荐与其资金偏好相关的资金资源，从而提高供需之间的匹配度。

（2）场景服务推荐。场景个性化服务是指提供的契合用户融资需求和融资成本的各种服务，满足用户特定的实时场景。融入场景标签的用户画像为供应链金融的个性化场景服务推荐提供了有效支撑，如借助智能终端的传感器设备，用户画像模型就能够实时获取用户的场景数据，从而向用户推荐与其场景相匹配的资金资源列表。

（3）智能用户追踪。用户在供应链金融项目或中小企业的生命周期内，存在生命周期特性。用户个体画像可以显示用户所处生命周期的阶段，运用机器学习、数据挖掘等技术判别用户的状态和类别，并根据这些信息制定追踪策略，优化资源供给，改进服务模式，确保为用户提供优质资源，并根据流失用户的画像信息建立流失预警分析机制，强化个性化服务措施，吸引流失用户回到供应链金融项目中。

（4）智慧服务评估。用户可以对推荐结果进行有效评估，帮助推荐系统优化推荐算法，生成更高质量、更加精准的推荐结果，提高推荐引擎的推荐质量，满足用户的融资需求。

2.4.5　区块链技术

区块链技术并非是偶然产生的，而是互联网技术发展到一定时期的必然结果。作为计算机科学领域的前沿技术，区块链技术是下一代云计算的雏形，具备去信任、去中心化、开放自治、匿名可溯源、信息不可篡改等特性，显示出了广阔的应用前景。但是，区块链还存在安全性威胁、区块膨胀、算力资源浪费、非合理竞争等问题，这些问题在一定程度上制约了它的发展。

区块链 1.0 是区块链技术的基础版本，能实现可编程货币；而"区块链 2.0"被称为智能合约，智能合约具有独特的信用创造机制和协作工具的优势，实现了信用创造的去第三方化（去中心化）、信用无损传递（价值链）、自动执行、判决即执行等功能。区块链技术解决了智能合约的可执行性与可验证性问题，使得智能合约的应用可以普及。在智能合约运行时，代码的哈希值会被计算出来并打上数字签名，单向哈希值、数字签名和代码会被同时复制到智能合约中，智能合约可有效防止违约行为，能够保证合约的公平性、公正性、有效性。智能合约结合分布式应用，可实现分布式协作，以适应极具潜力的跨组织的应用场景。智能合约对于技术治理创新意义重大，合约执行的自动化、极低的执行成本可解决现实中合约执行难的顽疾，将影响众多产业的商业模式。

对中小企业的融资服务创新是区块链技术的最佳应用场景之一。数字供应链金融取得的实践经验引发了学术界的密切关注和广泛探讨。与传统供应链金融相比，数字供应链金融的重要特征在于"企业数据上链"，要求链上企业将交易信息在区块链上进行登记和确认。

区块链技术可从以下三个方面赋能供应链金融。

第一，构建链上主体互信机制。征信体系的不完善，导致链上企业之间缺乏信任，风险管理成本较高。区块链化的信息和多源数据的交叉验证能够有效保障交易的真实性，可以通过不可篡改的区块链存证确认各类数据。

区块链存证涉及的数据包括各类元数据、计算机系统、操作现场描述、社会信用等数据，可通过链上交易节点数据存证确认其数据完整性，并通过交易网络节点交叉数据验证其合理性，同时通过区块链上时序关系验证其因果逻辑性。通过上述三重数据验证，平台可以全面检验交易数据的真实性，为新型信任机制提供支撑。其中，验证应收账款的真实性涉及主体、合同、交易等要素，真实性的逻辑关系指主体必须是真实的、合法的；合同不能是虚假合同，必须合法；交易必须是发生的真实交易。

第二，在区块链技术支撑的供应链金融体系下，订单、合同、应收账款等信息在产生之时就写入由银行、保理公司、核心企业和供应商共同认定的区块链账本中，借助区块链不可篡改的特性，平台上各参与方可验证企业所提供数据的完整性与真实性，构建新的信任机制。银行在收到供应商的融资请求后，通过数据查询，确认交易的相关信息，提高了供应商与金融机构的信息共享，强化了彼此间的信任；通过区块链技术，供应链金融平台上的每一笔资产交易都经全网节点共同背书，在交易过程中不需要重复对参与方身份进行核实、对单证进行审查，可降低征信成本。

区块链技术为供应链金融中的各参与银行、政府职能部门和企业等主体提供了平等可信的信息确认和共享生态，能够有效打破信息孤岛问题，保证信任关系，交易伙伴由传统的基于关系的信任变成基于数据的信任，依靠数据共享可有效改善交易伙伴之间的合作关系，强化产业链条。

第二，降低管理风险，增大信用传递半径。通过区块链的智能合约，将合同和需要执行的条款通过计算机代码的方式编入区块链中，智能合约在确认条约执行条件满足后，机器自动执行交易流程，避免人工执行的操作风险。

区块链技术确保分类账本的信息安全，且仅有授权主体可查看具体供应链金融业务的订单信息、信用信息、融资请求和操作进度。在区块链中，每一项区块信息的录入都具有可追溯和不可篡改的特性，有利于企业订单、合同、票据等纸质凭证转化为真正意义上的数字资产，同时具备可拆分特性的电子凭证，可以无障碍实现多级流转，从根本上解放了传统供应链金融市场中的抵押物或质押物，充足的流动性能够彻底释放核心企业的信用价值，增大核心企业信用传递半径。同时，积累的历史数据也可用来对中小企业进行画像，积累数字资产。

第三，实现安全和隐私保护。线上"M+1+N"结构的供应链金融平台，其核心优势在于契约要素数据的安全和可靠。与传统供应链金融平台数据库的中心化管理不同，区块链是由多个权利节点共同组成的点对点网络，其中每个节点根据协议可以拥有管理和维护数据库的权利和义务。由于各节点数据保持一致，不同的参与者在使用这些数据时，不需要单独去寻找分散在各节点、各系统的数据，避免反复审查和反复校验的过程，极大地提高了供应链金融的效率。同时，在部分节点遭受损坏的情况下，整个区块链的运作并不会受到影响，其安全性得到极大提升。

以应收账款权证为例，通过核心企业 ERP 系统，数据上链实现实时的数据化确权，避免现实中确权的延时性，对于提高交易效率具有重要的意义。基于加密数据的交易确权，可以实现确权凭证信息的分布式存储和传播，提高市场数据信息安全性和可容错性，以共同的算法建立互信，还可以将价值交换中的摩擦力降到最低，在实现数据透明的前提下确保交易双方匿名性，达到保护个人隐私的目的。

此外，区块链系统还可以通过零知识证明等技术手段，实现在对客户主体披露信息真实性进行验证的同时，确保敏感信息的安全性。融合零知识证明的区块链系统可以在不对外透露付款人、收款人是谁，也不透露交易金额的情况下，证明这笔交易是合法的，同时有效保护上链企业的信息安全，降低企业信息泄露的风险。

2.5 数字孪生

数字孪生将物理世界和数字世界交互融合，结合智能算法实现数据驱动的运营监控和优化，支持新产品开发、服务创新，以及多样化的价值创造和商业模式创新，极大地推进着制造业向更高水平的自动化、信息化、智能化的方向发展。在国内，数字孪生提升了数字化制造的高度，成为智能制造领域热度最高的、讨论最多的新兴方向，在智能制造的愿景中扮演着举足轻重的角色。

2.5.1 数字孪生的概念及其发展

数字孪生技术由来已久。早在 20 世纪 60 年代，计算机辅助设计/计算机辅助工程等建模、仿真工具应运而生，数字孪生进入萌芽期。业界普遍认为数字孪生的概念最初是由美国密歇根大学的 Michael Grieves 教授提出的，2002 年他在产品全生命周期管理课程中提出"与物理产品等价的虚拟数字化表达"的概念；2003年至2010年期间，该概念被称为"镜像空间模型"和"信息镜像空间模型"。在2010年之后，数字孪生概念进入成熟期，并最先应用于军事、航天航空、制造业等失败代价较高的行业。

美国国家航空航天局将航空器数字孪生过程定义为"充分利用物理模型、传感器和运行历史等数据，集成多学科、多维度的仿真模拟过程，用以映射航空器或系统的实体运行状态"。产品数字孪生定义为：通过数字化方式来定义事物，在数字虚拟空间中构建用于描述其全生命周期信息的数字模型的行为，从而形成与物理实体空间中的现实事物所对应的，在外观、质地、形态和行为上都相像的精准映射关系，是工作状态和工作进展在虚拟空间的全要素重建及映射，也是一个可用来模拟、监控、诊断、预测、控制物理实体在现实环境中的形成过程、状态和行为的数字仿真模型。

近年来，数字孪生技术受到国内学者的广泛关注，目前国内理论研究集中在数字孪生体和工程实体之间的建模技术、虚实融合、交互与协作、智慧仿真设计等关键技术性层面的研究，应用研究热点涉及机械领域的复杂产品设计、智能装配技术、服务创新和发展策略等方面。

2.5.2　数字孪生的应用价值

数字孪生的前景与价值被普遍看好。国防和航天工业顶尖技术中将数字孪生排在首位，中国科学技术协会将"如何建立虚拟孪生理论和技术基础并开展示范应用"列为前沿科学问题。

数字孪生的价值受到很多国家的重视。美国工业互联网核心框架和德国工业4.0架构都将数字孪生作为重要组成部分。我国也开始重视数字孪生技术与应用，已经将其视为我国制造业数字化转型以及迈向制造业强国的重要支撑技术。

数字孪生可用于对物理实体进行监测、仿真和控制。与物理实体的双向数据交互是数字孪生的关键特征，也是确保数字孪生与物理实体在状态上同步的重要手段。数字孪生既包括数字化的虚拟镜像，也包括物理的实体对象，以及"虚拟－实体"之间双向真实映射与实时交互的信息连接和驱动关系。数字孪生体跨越了实体设备或者工厂的全生命周期，而且其复杂度是伴随着实体对象的成长和运行过程而不断提高的。数字模型是物理实体的数字代表，数字模型和物理实体之间没有实时数据的传输，属于静态模型，但是数字影子的状态不会反馈给物理实体，即数据传输存在单向性。

数字孪生实现了物理世界与数字世界的有回路反馈，可以真正在全生命周期范围内，保证数字世界与物理世界的协调一致。双向数据交互是数字孪生的关键特征，但是交互的实时性和频率则取决于物理对象的特点和应用的需求。

数字孪生最重要的价值是预测，在产品制造过程中出现问题时，可以基于数字孪生对生产策略进行分析，然后基于优化后的生产策略进行组织生产。监测主要应用在对物理实体的健康维护上，如监测物理实体的疲劳、破损（裂纹）或者变形；仿真主要应用于物理实体的模拟上，如利用数字孪生对物理实体进行长期行为仿真，并在不同环境条件下对物理实体的性能进行预测和模拟；控制功能主要应用于物理实体的最优决策，如借助历史数据和当前状态来对物理实体未来的性能进行优化。

在计算机技术领域对数字孪生的价值还在不断发掘中，但可以明确的是，单向数据传输的仿真、预测，以及数字影子等都不属于真正的数字孪生，数字孪生的本质特点是基于数据双向交互的映射，特别是虚拟的物理的数字交互。

2.5.3 数字孪生模型构建

数字孪生模型构建是实现数字孪生落地应用的前提，一般为自上而下的系统建模。美国国家标准与技术研究院于 2012 年提出了 MBD（基于模型的定义）和 MBE（基于模型的企业）的概念，其核心思想是要创建企业和产品的数字模型，数字模型的仿真分析要贯穿产品设计、产品设计仿真、加工工艺仿真、生产过程仿真、产品的维修维护等整个产品的生命周期。MBE 和 MBD 的概念将数字孪生的内涵扩展到了整个产品的制造过程。

北京航空航天大学的陶飞团队总结了智能制造中产品数字孪生体的基本内涵，提出了产品数字孪生体的体系结构，并阐述了产品数字孪生体在产品设计阶段、制造阶段和服务阶段的实施途径；在信息物理融合方面提炼出"物理融合、模型融合、数据融合、服务融合"四个不同维度的融合，充分分析了实现数字孪生车间信息物理融合的基础理论与关键技术，同时提出相应的"系统实现参考框架"。

数字孪生是现实世界的动态数字化虚拟表示，支持物理实体和数字实体进行实时双向的数据交互，持续优化实体系统在全生命周期的相关过程。

2.5.4 数字孪生融合应用

为促进数字孪生的技术落地，学术界积极探索数字孪生技术的融合应用。数字孪生技术作为实践智能制造理念的使能技术与手段，能有效解决智能制造的信息物理融合难题，也引起越来越多的学者的关注和重视，被应用于解决实际的工程问题之中。除了航空航天领域，数字孪生还被应用于电力、船舶、城市管理、农业、建筑、制造、石油天然气、健康医疗、环境保护等领域。

汽车行业是除航空航天之外，应用数字孪生技术最为深入的场景。其中特斯拉作为汽车行业的典型代表，在 2011 年开始推进"设计工作室"，利用其电池工厂 Gigafactory 的数字孪生制造能力，为其生产和销售的每一辆电动汽车都建立数字孪生模型，同时利用模拟数据来发现可能的异常情况并提供纠正措施，确定了特斯拉在电动汽车行业的江湖地位。近几年，国内的长安汽车、上海大众等也构建了全场景数字孪生开发平台。

数字孪生技术在工业领域获得了高度的重视。西门子在 2016 年就开始尝试利用数字孪生体来完善工业 4.0 应用，并于 2017 年年底正式发布了完整数字孪生体的应用模型。通用电器在 2016 年正式推出了面向全球工业领域的 Predix 物联网平台，并在其 SaaS 层提供数字孪生功能服务，数字孪生技术可以使工业领域的产品生命周期管理流程延伸到设备生产、操作的现场，从而建立起一个完整的、闭环的"设计－制造－运营－优化"的产品周期。从 2018 年开始，国际标准化组织等国际标准机构陆续着手数字孪生相关标准的制定，西门子、通用电气等分别提出了数字孪生的愿景并打造相关产品。

产品设计是数字孪生技术应用的重要场景。产品设计是产品全生命周期中的重要环节，也是数字孪生技术应用于智能制造中的第一步，包括产品设计、工业生产以及制造服务，对于提高产品的研发质量、制造的生产效率、设备的预测性维护具有重要意义。基于数字孪生技术的产品设计，可将物理产品与虚拟产品连接起来，对现有产品进行迭代优化设计。在大规模、个性化的产品设计目标下，需要克服传统设计方法普遍存在的需求不精准、设计协作难、样机试制周期长/成本高、产品链的反馈和验证时效性差等问题，从而加快设计周期。

数字孪生在智慧矿山、智慧农业、智慧城市、供应链管理、资产管理等场景已有不少研究和应用成果。中国工业 4.0 研究院提出"数字孪生矿山"，"数字孪生矿山"基于数字孪生基础设施进行数字化转型，实现生产运行可视化、实时监控和预测性维护等功能，解决矿山智能化发展中的痛点和难点。在智慧城市中使用数字孪生技术在网络空间上构造一个与实体城市完全对应的"虚拟城市"，形成物理维度上的实体城市和信息维度上的数字城市同生共存、虚实交融的局面。数字孪生技术与农业融合，通过实时态势感知、超实时虚拟推演和全程交互反馈，有效实现对生产系统的智慧管控。

我国开始重视数字孪生的落地应用，已经将数字孪生视为我国进行制造业数字化转型及迈向制造强国的重要技术支撑。

2022 年 2 月北京冬奥会是一场科技冬奥会，其中数字孪生发挥了重要作用。比如，开幕式第一个节目《立春》，该节目让近 400 名演员同时挥舞发光棒互不干扰是一个难题，在表演创排阶段，通过数字孪生模拟实际效果，提前验证技术方案的可行性，图 2-7 所示为《立春》的实际效果图。

图 2-7 北京冬奥会开幕式节目《立春》效果图

总之，数字孪生研究方兴未艾，且体现出多学科融合、交叉的特性。虽然各大研究机构及相关企业都推出了各自的数字孪生理念，但实例化的典型应用并不多见。美国和德国围绕数字孪生开展的研究工作较早，它们依托强大的科研实力，在理论和应用层面均处于世界领先地位。我国的数字化程度仍然较为薄弱，数据基础和技术支撑相对较弱，虽然在数字孪生的相关领域发表的文献较多，但理论层面的研究相对较多，可参考的典型实际落地应用则相对较少。

2.6 小结

信息不对称、信息搜寻成本高对供应链金融的影响重大，融资场景日益复杂，中小企业融资存在快速和动态响应的需求，需要结合大数据、物联网、智能技术等进行创新。

信息系统要想获得用户的信任，必须具有一套信任机制。可信数据的概念具有丰富的内涵，是构建数字世界的重要基础。数据采集结合分布式账本构成"源头真实+存储真实+传播真实"机制，实现可信数据机制。

数字供应链金融利用工业物联网的传感技术和通信技术，强调物理空间与数字空间的实时映射与深度融合，将计算与物理进程相融合，实现数字空间的指令可以直接对现场的生产流程进行监视与控制，并将控制物理进程的结果反馈给计算进程，实现数字空间与物理空间协同工作，这是传统仿真模型所不能做到的。

数字孪生最重要的意义在于，其可实现物理世界与数字世界的有回路反馈，保证数字世界与物理世界的协调一致。双向数据交互是数字孪生的关键特征，数据交互的实时性和频率则取决于物理对象的特点和应用的需求。

第 3 章　供应链金融科技平台

3.1　金融科技的应用价值

新一代信息技术不断发展而带动了金融创新，如新的金融产品、流程、应用、模式等，对金融服务、金融机构、金融市场产生了重大影响，进而促进金融产业结构的转变。保障金融科技运行的基础性技术，如大数据、云计算、区块链、生物识别、物联网、5G 等不断迭代、更新。

金融科技的应用重塑传统金融业务场景，优化金融生态，极大地拓宽金融服务的广度和深度，为消费者创造全新的体验。金融科技的内涵丰富，在互联网和金融领域被大量引用，其具体含义在不同背景下也存在明显的差异。

（1）对传统金融业务进行数字化或电子化，如网上银行、手机银行等。

（2）应用于金融领域的各类新技术，如分布式记账、云计算、大数据等。

（3）涉足金融领域，与现有金融机构形成合作或竞争关系的科技企业或电信运营商。

作为第三方专门提供科技服务的企业,其核心业务是为其他企业提供创新金融的技术解决方案,而不是提供创新的金融服务,即该类企业的价值创造关键点在传统金融服务的范畴之外,其盈利的主要来源是金融科技服务(赋能)的收入。

传统的金融机构包括商业银行、信托公司、证券公司、租赁公司、保险公司等,向客户提供传统的金融服务。近年来,互联网金融平台、P2P网络借贷平台、汽车金融公司、消费金融公司、小额贷款公司、互联网新型银行等也成为新型的资金供应端。

金融科技将金融与科技深度融合,充分运用智能化的底层技术,可以使金融业务降本增效,其作用包括以下5个方面。

(1)优化金融产品。运用人工智能技术可以优化金融产品,以适应客户分散、小额、高频等的特点,甚至实现对客户融资需求的定制化,从而为金融机构的差异化竞争策略提供支撑。把互联网技术和移动互联网技术应用于金融产品和服务,将大幅改善客户体验。

(2)全面改进业务流程。运用大数据、互联网、人工智能对客户进行风险识别,建立客户黑白名单制度,白名单中是优质客户,可提高对这些客户的金融服务质量,黑名单中是违约风险较高的客户,对这些客户做风险预警,以减少欺诈损失。

(3)优化金融基础设施的功能。如移动互联网技术优化了金融支付系统,给消费者提供了便利,以大数据、区块链、云计算等技术建立的金融监管系统,大幅改进了风险预警的即时性。

(4)优化金融生态。运用区块链、大数据、生物识别技术建立了征信体系，可充分发挥信用的核心价值，有利于对违约风险的控制，优化金融生态。

（5）优化金融服务功能。互联网、区块链等技术实现金融脱媒和去中心化，同时实现 7×24 小时无间断服务，而移动支付为农村及落后地区提供了普惠金融。

金融科技平台的模式多种多样，主要包括以下 7 种基本商业模式。

（1）支付平台，包括支付清算平台、第三方支付平台、聚合支付平台等。

（2）大数据借贷平台，包括消费金融平台、供应链金融平台、信用卡代偿平台等。

（3）P2P 网络借贷平台。

（4）众筹融资平台。

（5）金融产品交易平台，含线上财富管理平台、基金代销平台、保险产品销售平台、票据交易平台、数字货币交易平台等。

（6）金融媒介平台，包括金融资讯平台、信用卡管理平台等。

（7）金融软件平台，包括区块链平台、云计算平台等。

3.2 供应链金融科技特征

将金融科技运用于供应链金融，会产生显著的降本增效作用，能够极大地降低多项金融服务成本和金融市场的进入门槛,扩大了可融资场景和借贷群体。第三方金融科技平台的出现,改变了供应链金融的业务模式,也改变了供应链金融的市场格局。

但无论是金融机构自身发展的金融科技平台,还是第三方建立的或政府主导下的金融科技平台,其核心作用都是对金融业务进行数字赋能和全流程的金融数字化。

供应链金融中的金融科技的价值在于创造新的供应链金融业务模式和融资需求,有助于金融机构推出新的产品,从而改变供应链金融的市场规范与边界、供给结构、供求匹配、金融服务的提供方式、金融产品的种类,甚至金融服务的价格等。

由新一代信息技术构建的金融科技平台,全面赋能金融机构,影响金融服务的贷款期限、信用评价、收益率、风险评估等业务要素,使得供应链金融的服务理念、思维、流程及产品等得到不断的延伸、升级。

金融科技对供应链金融的创新价值如下。

(1) 改进金融机构在供应链金融业务中的信息不对称问题

大数据、机器学习等技术极大地解决了金融机构信息不对称问题,这是金融机构进行服务创新的前提和基础,也是实现降本增效的有效方法。

(2) 极大地弥补了供应链金融人工业务的短板

计算机视觉、语音识别、自然语言处理和图像识别等技术,将大量人工从初级的、重复性的业务中解放出来,使金融机构由劳动密集型机构转变为资本密集型和智力密集型的机构,赋予业务逻辑和产品设计极大的创新空间。生物识别与人工智能技术,在业务流程创新方面以机器值守代替人工系统,极大地满足中小企业融资中"短、频、快、急"的融资需求,让相关金融操作流程更加便捷,金融服务效率得到极大提升。

(3) 推动供应链金融服务的场景化

金融机构通过金融科技平台,也可实现以用户为中心的服务模式,从简单的提供产品的服务转向平台化协同的服务生态体系,实现场景的数字化,让金融服务的提供方式更灵活。金融服务场景化,可将金融产品嵌入中小企业的采购、物流等过程中,通过线上与线下的无缝对接,为特定场景提供定制化的服务方案,使企业得到更专业、便捷、全面、精准的金融服务。

(4) 大幅降低供应链金融市场的进入门槛

金融科技的应用扩展了金融服务供给者和需求者的数量与类型。在供给侧方面,金融科技的运用使得金融机构以开展金融服务为主,避免自身在金融科技开发上的不足,由技术市场中最优的技术服务商来为自身提供金融科技服务,也摆脱了人力资源的约束,降低了金融科技在开发方面的沉没成本和边际成本。

(5) 改变供应链金融的业务模式与组织形态

金融机构将自身并不擅长的技术开发环节剥离了出来,使得传统金融中介的功能与运行方式发生了改变。金融科技平台的出现是金融产业进一步分工协作的结果,金融机构将一些繁重的业务流程与服务环节剥离出来,以外包或购买服务的形式委托给金融科技平台。金融科技平台可以引入新的金融服务供给者，为匹配更多中小企业的融资需求创造了新的场景，深刻地改变了供应链金融的市场格局和组织生态。

3.3 供应链金融科技平台的内涵及商业模式

供应链金融科技平台本质上就是金融科技平台。从金融科技平台的角度来分析与研究供应链金融科技平台的特点与功能，具有重要的实践意义。

供应链金融科技平台是金融科技集中应用的场所，本质上由先进技术驱动供应链金融业务的创新发展。

3.3.1 供应链金融科技平台的经济属性

供应链金融科技平台架构在互联网的基础上，向多边主体提供差异化服务，通过整合多主体资源和关系来创造金融效应，使得多个参与主体利益最大化，具有典型的平台经济属性，其主要特点如下。

1. 具有不同层次

供应链金融科技平台由多主体构成，包括资金需求方、资金供应方、技术服务方、监管方等，主体之间进行密切的专业分工合作，逐渐形成不同层次的专业化职能和稳定结构。平台自下而上可分为基础层、平台层、应用层和用户层。

第一层：基础层。为供应链金融科技平台构建和运作提供基础的通信条件、硬件设施、商业服务，包括电信运营商、软件与硬件服务商、行业协会和政府服务机构等主体。

第二层：平台层。负责提供虚拟服务空间，以及数据处理和计算的基础服务、增值服务。平台层的主体主要由掌握金融科技核心技术的科技企业构成，负责平台的建设、运营和管理。

第三层：应用层。应用层建立在平台层基础之上，通过应用程序直接向资金需求方和资金供给方提供多种应用和信息服务，以交易为核心功能。

第四层级：用户层。供应链金融科技平台为众多参与机构的用户提供不同的服务，但平台之间也存在竞争关系。获客能力、用户体验是平台提升市场份额和竞争优势的根本所在。

2. 低边际生产成本

边际成本是企业每多生产一个产品，需要额外产生的成本。供应链金融科技平台以极低的成本连接中小企业和资金端，所以具有趋近于零的边际生产成本特性，这也是平台经济的魅力所在。

传统金融业务以线下服务为主，每新增一个客户都要承担相对高昂的成本。供应链金融将仓库空间和物流网络通过物联网进行整合，提高了生产率，让接近零的边际成本成为可能。

3. 协作共赢

平台经济的主体之间可进行专业化分工，实现合作共赢。互联网与金融科技的不断涌现使全世界范围内的企业合作变得可能；平台承载具体的连接、联通功能，架起了基于价值链的专业分工和协作的桥梁。金融服务与金融科技分属完全不同的领域，在市场竞争和科技的发展创新下，用户期望更高质量的产品和服务，如此能够倒逼市场进行重新分工，传统的一家企业独大的局面开始出现裂变。供应链金融本身具有极其复杂的流程，分工极为细致，且各行业的融资场景日益复杂，金融机构很难圆满完成所有环节。具有技术优势的科技企业深度介入供应链金融，为金融机构提供外包服务，通过平台实现高效沟通。

供应链金融科技平台经过长时间数据积累，构建产业大数据，基于产业大数据来实现整个价值链资源的有效整合和联动，可形成真正有效的产业金融解决方案。

4. 网络外部性

平台经济模式具有"网络外部性"特点：平台一方（供给方）所提供的产品或服务的收益水平，取决于另一方参与者（需求方）的数量，即一种类型用户的规模会显著影响另一种类型用户使用平台的效用或价值，平台两边的用户都通过这一相互作用而获得价值。对于供应链金融科技平台，资金供应端提供资金的主体数量越多，融资产品就会越丰富，从而形成激烈的同业竞争，利率也会越低，对大量的中小企业的吸引力就越强。同样，平台上的中小企业用户越多，需要借贷的规模越大，这对金融机构的吸引力就越大，平台双方用户互相促进的规模效应形成了"网络外部性"。

3.3.2 供应链金融科技平台的商业模式设计

创造价值是供应链金融科技平台的商业目标。设计供应链金融科技平台的商业模式需要考虑并解决以下问题：平台向中小企业提供什么样的价值？向哪些中小企业提供金融价值？平台的收入来源有哪些？采用何种技术实现这些金融价值？构建平台和运营的关键技术活动有哪些？如何保持平台的竞争优势？供应链金融科技平台商业模式的构成要素有金融价值主张、相关主体、金融价值来源、金融价值活动和金融价值壁垒，下面详细介绍金融价值主张和相关主体。

1. 金融价值主张

金融价值主张是供应链金融科技平台通过金融产品（服务）提供给中小企业的金融价值，以及为解决中小企业融资难、融资贵问题而产生的价值。作为第三方的供应链金融科技平台在构建商业模式时，核心问题是为中小企业用户提供怎样的金融价值，其后才是如何设计和提供产品（服务）的问题。针对中小企业融资特点的产品（服务）是供应链金融科技平台价值主张的实现。只有明确而清晰的中小企业用户价值主张才能设计出满足市场需求的产品或服务，而且还要求价值主张具有独特性和前后一致性的特点。

金融科技的应用创新，可解决金融机构在传统金融模式下难以为中小企业服务的痛点问题。供应链金融科技平台的价值主张可能是一个从模糊到清晰、从离散到统一的动态过程，也可能是平台和参与者之间在多轮的利益博弈之后，逐步形成的价值主张。

2. 相关主体

供应链金融科技平台利益相关主体分为市场主体和非市场主体，市场主体包括平台多边用户中的资金需求方、资金供应方、技术服务方、政府监管方等；非市场主体包括组织架构、法律法规、政策制度等。

供应链金融科技平台商业模式的构建，需要区别平台生态圈中的相关利益主体，尤其是价值对象，确定平台的用户范围和细分市场，挑选特定的区域/行业的主体提供金融产品或服务。同时，需要确定相关价值对象确切的价值来源，以设计平台可以收费的项目。

3.3.3 供应链金融科技平台的商业模式构建策略

1. 坚持平台独特的价值主张

供应链金融科技平台必须要有自己独特的价值主张，特别是从不同的行业、不同供应链类型，甚至核心企业的文化等形成的价值主张更有行业针对性，也更符合供应链运营场景的产品和服务。

由于供应链金融科技平台具有网络外部性的特征，所以当平台的商业模式为平台一方用户创造新的价值后，还必须考虑另外一方用户价值实现问题，从而保证利润分配的均衡。供应链金融科技平台需要坚持平台独特的价值主张，模糊和偏离化的价值主张具有极大的负面影响。

2. 有效辨识利益相关主体

（1）辨识价值对象，明确供应链金融科技平台的用户范围，特别是资金的供应方和需求方；明确供应链金融科技平台需要哪些机构的直接参与和间接参与，从而确定平台的参与方；明确供应链金融科技平台为哪些供应链、哪些中小企业提供服务，如何有效满足这个范围内用户的融资需求。

（2）确定价值对象如何带来价值，或者如何收费才能实现供应链金融科技平台的盈利。供应链金融科技平台通常向双方用户收取费用，但要确定是向供给方收费还是向需求方收费，还是双向收费。供应链金融科技平台还可以通过对日积月累的经营数据进行深度挖掘，为双方用户提供精准营销、智能风险管理等增值服务，从而获得收入。

3. 精准确定强制通行点

强制通行点指的是可以使供应链金融科技平台生态圈中所有市场主体都能够获利的点。供应链金融科技平台可以通过分析"价值对象—障碍—价值主张"，识别并确定共同强制通行点。在供应链金融科技平台构建过程中，首先列举所有参与主体，收集所有参与主体的价值主张，然后列出参与主体达到目标的所有障碍，从而筛选出必须要通过的控制点，即强制通行点。

4. 充分平衡各方利益并构建生态圈

供应链金融科技平台需要以强制通行点为核心，构建利益治理机制，即进行价值分享和让渡，从而使得平台所有的参与者，因寻求共同利润的最大化而产生共同构建平台生态的动机和动力。

5. 实现平台生态圈的健康可持续发展

（1）保证平台的正常运营，提升运营效率，加强平台的风险管理，加大科技方面的投入，实现运营的"精细化、智慧化、自动化"。

（2）构筑平台的竞争壁垒。平台可以在客户规模、创新能力、运营能力、风控能力等方面构筑自己行业级的竞争优势。

（3）采取进攻策略，创新和拓展商业模式，主要是将更多的创新场景渗透到行业中，提供创新的金融增值服务。

3.4 网络平台中立性

互联网的本质特点是"互联与共享",但互联网绝不是"自由王国",网络法律法规是维护互联网秩序的强制性规范,以在网络空间中最大限度地促进网络的互联和信息共享。网络中立与网络平台中立是网络法律法规的两大核心命题,要保障网络平台中立性需要预防、制止那些具有危害性的非中立性行为。

3.4.1 网络平台中立性的一般内涵

网络中立要求位于物理层和逻辑层的网络服务提供商对流量传输持中立立场,只有网络保持中立性,才能有效支持用户权利、促进终端用户创新、构建公平竞争秩序。网络平台作为数字服务商可提供基础设施功能,保障公民的基础数字服务权利。在遵守竞争秩序与保护消费者的前提下,网络平台应被允许进行优化性的非中立管理。在涉及公共职能时,监管机构应要求网络平台承担公共伦理责任并保证提供公共服务。

随着各类大型网络平台的崛起,网络平台中立问题成为关注焦点。一些国家和地区将网络平台界定为公共基础设施,要求网络平台承担中立性责任。法国在 2016 年将网络平台界定为公共设施,要求网络平台为消费者提供公平、清晰和透明的信息。

我国自 2019 年 1 月 1 日起施行的《中华人民共和国电子商务法》中规定:"电子商务经营者从事经营活动,应当遵循自愿、平等、公平、诚信的原则,遵守法律和商业道德,公平参与市场竞争,履行消费者权益保护、环境保护、知识产权保护、网络安全与个人信息保护等方面的义务,承担产品和服务质量责任,接受政府和社会的监督"。

网络平台还应当在各个方面维持其中立性与非歧视性,具体体现为收集、处理和检索信息的透明性和公平性,表达形式和共享内容的非歧视性,信息生产手段的非垄断性,以及平台的技术兼容性或互操作性要求方面的非歧视性。

3.4.2 供应链金融科技平台的中立性

供应链金融科技平台是电子商务平台的一种。供应链金融科技平台多为私营企业,同时服务于众多中小企业和金融机构。供应链金融科技平台对于金融风险警示、责任举证、事实认定等承担关键职能,因此供应链金融科技平台的中立性责任这一问题具有重要意义。但在构建供应链金融科技平台中立性的特征时,也存在一些因实现中立性而导致的负面效应,如存在阻碍数据与信息的有效传输、妨碍优化管理、减弱竞争力等问题。

要求供应链金融科技平台必须具有中立性的理由如下。

(1)供应链金融科技平台控制着关键的风险信息、经营信息的流通与传播,对于供应链金融参与者的利益影响极大,对供应链金融科技平台施加中立性责任有利于保障此类信息传播的公平性,保护参与人公平地获得此类信息、保证知情权等,防止某些参与者因对信息的垄断而获利。

（2）供应链金融科技平台中立性有利于保证竞争的公平性，而其非中立性可能对处于弱势的中小型企业造成影响。因为处于弱势的中小型企业对供应链金融科技平台常常具有依赖性，同时供应链金融科技平台的非中立性在某些情形下可能会导致反竞争效应，以及导致市场准入的门槛提高，使得某些中小型企业得不到相应的服务。

（3）维持供应链金融科技平台中立性有利于吸引更多的双边用户。

（4）供应链金融科技平台是解决信息不对称、交易信息伪造等信任缺失问题的关键所在。供应链金融科技平台需要为交易真实性提供技术手段，以解决金融机构跨区域调查的融资时间长、成本高问题。构建供应链金融科技平台的技术包括物联网、大数据、云计算等，为供应链金融科技平台的综合性服务提供了强有力的技术支撑。

（5）中立性是供应链金融科技平台维持高信用的基础。供应链金融科技平台天然具有网络化的结构，在"M+1+N"（M代表上游企业金融服务，1代表核心企业金融服务，N代表下游企业金融服务）模式下，解决票据流动性差、数据支撑不足、数据共享难、交易伙伴缺乏信任等问题，需要提高供应链金融科技平台交易的透明度、运行效率和速度，实时更新交易数据，以及增强参与方之间的信任关系等。要将供应商、买家、金融服务提供商、物流服务提供商和技术服务提供商整合到一个信息全面映射的生态系统中，而只有具备新一代智能技术的平台才能达到信息共享、打破信息孤岛的水平。

3.4.3 供应链金融科技平台的非中立行为

供应链金融科技平台的非中立行为突破了其本应具有的中立性特征。供应链金融科技平台是市场中的竞争者，承担了在连接平台内众多经营者的基础上组织市场交易的公共职能。

供应链金融科技平台也是独立的经营者，以营利为目的，而该平台所具有的公共性特点要求其应当构建公平的生态。营利性与公共性在本质上存在冲突，在利益的驱使下，该平台具有天然动机实施非中立行为，以在市场竞争中谋取更大利益。

供应链金融科技平台经营者一般并不直接面向中小企业收取费用，而只提供交易场所等中介服务。作为中介服务提供方，供应链金融科技平台经营者不参与平台内的交易，也不会成为交易关系的当事人。在利益分配上，供应链金融科技平台经营者以收取中介服务费为主要利润来源，因此也无须与交易中的任何一方共进退。

供应链金融科技平台的非中立行为包括排他协议、限定交易、排序策略、算法歧视、价格歧视等行为，即突破平台中立性的行为，目的是保证平台自身的发展和交易安全，从而寻求多样化的盈利来源。不同于政府对市场的干预，供应链金融科技平台的非中立行为具有天然的逐利性和偏向性，甚至可能有违该平台内的公平竞争机制。

3.4.4 供应链金融科技平台存证

供应链金融科技平台为参与交易的各方提供客观、真实的电子证据。供应链金融科技平台作为交易的第三方，需要维持中立性，不因利益的驱使而偏向任何一方；但同时平台也要为交易市场提供公信力。供应链金融科技平台提供关于交易事实的电子证明。

"中立第三方平台"是区别于当事人、负责提供取证/存证技术的平台方，供应链金融科技平台就是这类平台，实践中的电子签名、可信时间戳、区块链存证等都是典型的电子证据。中立的平台要面对市场提供服务，使用者与平台服务商不具有特定的利益关系。

电子数据（电子证据）是没有经过加密存取的数据，存在"容易篡改"和"防篡改"的区分。若电子数据是通过密码技术构建的，则其任何变动都会被发现，这是通过比较哈希算法加密的数据电文摘要值来实现的。第三方平台对电子数据的生成、存储、传输、保存、提取等过程，需要实施科学的方法才能保证电子数据的真实性。

3.4.5 案例：银货通金融科技平台

1. 银货通金融科技平台概况

杭州银货通科技股份有限公司（以下简称银货通）成立于 2011 年，是为商贸交易园区内的中小企业解决融资难问题，为金融机构解决融资风险问题，搭建连接供应链核心企业、上下游供应商及分销商的网络金融服务平台。银货通是 B2B 电商的金融科技平台，以"技术+产品+风控+运营+数据"为内涵，为 B 端客户提供定制化金融服务。

银货通与多家核心企业合作，与众多商业银行、企业构成了业务合作关系，业务涉及金融外包、网络金融融资、信贷风险监控、商业保理等，呈现多元化趋势。

2. 银货通金融科技平台供应链金融服务的原理

银货通金融科技平台针对由于质押物信息不透明以及质押物动态操作流程不规范所引发的风险，主要措施有：通过线上审核与信息共享，整合资金流、信息流与物流，在企业融资申请阶段结合主体信用评估，创新商业信用共享形式；结合融资企业信用与质押物情况为其制定优化的动产质押融资方案，同时运用物联网技术对质押存货进行智能化管理，实时监测质押物的动态信息并提供风险预警，加强了金融机构的信贷风险防控能力。建立起金融机构与中小企业之间的有效联合，加强信贷风险的防护保障机制，能够及时有效地为中小企业从金融机构处取得融资贷款提供可操作的解决方案，实现成本更低、效率更高的融资服务模式，拓宽了中小企业的融资渠道。该平台面向产业、基于供应链进行联合贷款的原理如图 3-1 所示。

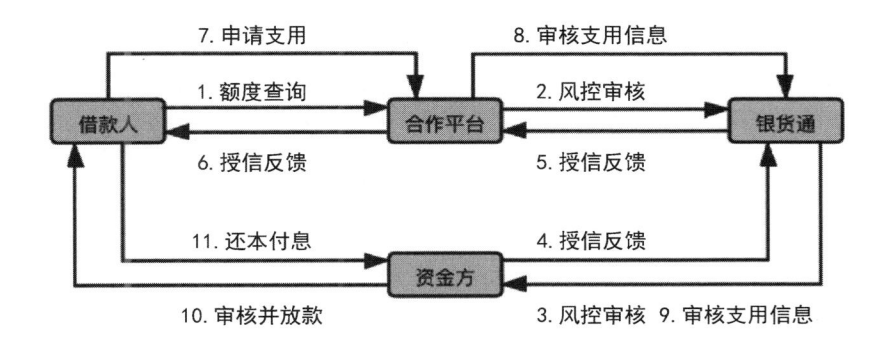

图 3-1 联合贷款原理

3. 银货通金融科技平台风险控制模式

银货通金融科技平台的风险防范重点在健全风险拨备机制和信息安全管理等两个方面。

（1）健全风险拨备机制。2020年10月中国人民银行正式颁布了《金融科技创新应用测试规范》《金融科技创新安全通用规范》《金融科技创新风险监控规范》。《金融科技创新应用测试规范》要求相关测试管理部门应经常跟进金融科技平台的动态监测，加强对金融科技平台的风险跟踪和预防，并要求金融科技平台主动将测试的重要事件记录并报送管理部门。另外，要求金融科技平台完善系统性风险处置与补偿机制，推进差异化风险预警和高效应急处置，对于存在严重安全隐患的创新应用，若造成损失，则应通过风险拨备资金、保险计划等进行赔偿，切实保障金融消费者的合法权益。健全金融科技平台的风险拨备制度和提高预警安全监测的要求，一方面，可以预防金融行业数字化转型过程中产生的难以及时评估预测的综合性风险，另一方面，能够降低金融科技平台与其他金融机构进行联合贷款可能带来的系统性风险。

（2）信息安全管理。对于个人信息保护和交易风险识别，《金融科技创新安全通用规范》规定，金融科技创新机构应支持对欺诈风险和合规风险的识别，对于违反国家法律法规和监管要求的交易行为，应及时评估处置和关联排查，避免发生诈骗、非法集资等非法交易行为。另外，《金融科技创新安全通用规范》和《金融科技创新风险监控规范》都要求金融企业重视个人金融信息保护问题，以及对隐私政策合规情况进行监测，避免个人敏感信息泄露，从信息采集、分析使用到删除销毁都需要进行全生命周期防护和安全管理。

4. 三大系统

银货通金融科技平台主要包括三大系统,即银货通在线、智能无线仓储管理系统及智能动产质押监管系统。

(1) 银货通在线

银货通在线以互联网技术为支撑,扎根于动产质押融资领域,为中小企业与商业银行之间搭建桥梁,实现融资服务,同时它还连接物流园区,研发出了智能物流及物流金融等创新产品模式。银货通在线通过开放创新,引入创新动产质押融资模式以及智能动产质押监管风控手段,为中小企业量身定制与撮合融资方案,真正实现规模化解决中小企业贷款需求。

(2) 智能无线仓储管理系统

智能无线仓储管理系统帮助商贸交易园区内的中小企业实现线上质押融资,对于质押存货的收付、高效化的管理以及销售盘点库存都实现了线上化,正是这一技术支持,支撑着银货通金融科技平台所提供的融资服务真正实现了在线融资。

(3) 智能动产质押监管系统

智能动产质押监管系统是针对金融市场中的全部参与者之间发生的动产质押融资行为中可能存在的风险进行监控管理的平台。智能动产质押监管系统结合融资企业的仓储物流中的存货管理与收付的动向,与商业银行进行全方位的信息交互检测,从中观测融资企业是否存在不稳定性因素,在获得反馈后,将所截取的全部动向整合,通过平台的风险监控系统对企业实际质押融资进行分析,再将分析得到的结果进行反馈,重点关注具有可疑动向的融资企业,最终实现对整个供应链链上融资交易行为的及时、高效、技术化的监管。

上述三大系统将金融机构、融资企业以及动产质押连接在了一起，实现了供应链上下游企业信息与资源的融合，对于减少信息不对称所带来的银行信贷风险具有重要的现实意义。

5. 银货通供应链金融的创新融资模式

银货通供应链金融的创新融资模式主要有以下3种。

（1）基于"货易融"服务系统的融资服务模式

"货易融"面向金融机构、投资者以及有融资需求的中小企业提供服务。"货易融"为融资企业取得贷款提供以动产质押为核心的有效路径，它结合了传统供应链金融模式中的存货质押融资模式的优势，同时还应用了银货通的智能无线仓储管理系统，集智能物流的高效性的管理模式于自身的服务当中，提高了整个融资模式的效率，使得存货质押由传统的线下交易转为线上交易，在线实时监测所有的质押物的交易活动，提高信贷风险的可控性。

"货易融"基于智能无线仓储管理系统以及物流金融服务平台为融资企业提供一站式的存货融资解决方案，在企业申请贷款时，银货通负责撮合金融机构与企业完成融资交易，对于通过存货质押进行融资的企业，"货易融"服务系统会对质押存货存在的风险进行评估与控制，从而帮助有融资需求的中小企业通过存货质押获得流动资金。供应链金融的参与者有银货通平台、"货易融"服务系统、智能无线仓储管理系统、物流金融服务平台、物流监管系统、银行和融资企业等。

（2）基于"融易管"服务系统的融资服务模式

银货通通过搭建物流金融服务平台，有效把握存货物流信息，推出"融易管"服务系统，是传统的物流金融服务的创新。运用"物联网+信息技术"，从结合了核心产业、主体信用评估与经营管理的角度，为融资企业制定智能、高效的融资服务方案。根据企业信用情况及质押存货质量制定最优的动产质押融资方案，完成对融资企业的授信，供应链金融将信息流、物流、资金流整合在一起，充分挖掘融资企业的潜在信用价值，为金融机构的信贷风险评估节省了时间成本，最终降低商业银行的贷款坏账率。"融易管"服务系统依托大数据对中小企业的经营状况、质押存货的质量及贸易背景等情况进行综合考察，对核心企业的信用进行审核，对其信用担保物进行多角度的综合管理。

（3）基于"链上金服"服务系统的融资服务模式

"链上金服"是银货通在互联网高速发展的大背景下，运用区块链、互联网等技术所创建的产业电商平台，主要为供应链上的核心企业提供服务。"链上金服"集中体现了银货通作为智能风控服务商对风险的综合控制能力，融资需求调研、信息审核、授信、质押存货管理、实时监测、风险预警等供应链金融业务，能够帮助中小企业盘活现金流融通资金，降低融资成本。供应链金融模式由传统的融资变成了综合性更强、实用性更高的综合融资模式。

"链上金服"运用区块链技术对融资企业进行信用评估，运用大数据分析掌控企业交易往来的信用评估状况，再运用物联网技术实时监测质押存货的变动情况。"链上金服"通过云计算技术帮助金融机构把控存货质押融资风险，对质押品的质量进行严格把控，降低了由于质押物价值评估过高给金融机构带来的风险，提供最优的动产质押方案。

6. 小结

银货通供应链金融模式与传统供应链金融模式相比具有以下优点："互联网+供应链"以及与技术的融合带来了供应链金融模式的创新性的发展，这使得供应链上的企业之间的关系更加清晰，债权债务关系、资金往来关系、企业资信等都加入了云计算及区块链服务系统，从而使得企业信息成本降低，也将企业的信用违约风险控制在了可控的范围之内，这样一来，中小企业基于自身的良好的贸易背景便能更快取得融资，而不再需要与同类型的信用风险较大的中小企业一起接受金融机构的审核，既实现了对企业的约束，也为商业银行的业务开展打开了一片蓝海。

3.5 场景金融服务

3.5.1 场景金融概述

1. 场景的内涵

"场景"一词来自英文"Scenes"，其最常见于影视作品中，即在特定的时间、空间内发生的设计好的行动或因人物关系所构成的画面。

场景是主体要素、时间、空间、事件、背景等因素构成的统一体，反映主体要素（标的物）的时空立体感和行为事件的整体性与关联性（即事件发生的来龙去脉）。以最常见的消费场景为例，特定群体在一定环境和设施条件下才有文化娱乐、购物、餐饮等消费行为。场景与社交、出行、购物等应用相结合就是所谓的场景应用，比如与支付结合就是支付场景，与出行结合就是打车场景，与就餐结合就是点餐场景。

场景的含义在大数据和移动互联网的影响下，甚至演变成为一种思维的方式，即场景化思维。场景化思维特别注重用户的体验感，因此产品一定要围绕用户的喜好、所处的情境和消费习惯进行设计，通过行业间的跨界融合和由此衍生的社群效应，对消费市场递次迭代，达成商家与消费者之间的黏性互动。

2. 场景金融的特点

场景金融与传统金融相比，具有嵌入式、端到端、跨界生态、流量性等特点。

（1）嵌入式。嵌入式是场景金融最为直观的服务体现。场景金融产品不同于传统金融产品，金融服务机构需要将场景金融产品直接嵌入客户的特定场景，包括客户的软件、工作流程等，充分融合客户的金融需求，客户可以便捷地接受金融服务。

（2）端到端。端到端是指场景金融与客户需求场景无缝对接。以往金融服务和产品按照不同功能或不同渠道分为不同的产品体系。满足一个客户的特定需求（场景）可能需要同时购买多种不同功能的金融产品。但场景金融直接以客户一个场景的金融需求为单位，对客户进行整体化的金融服务设计，即为客户在某一时间或空间内的需求量身定做极具针对性的产品或服务，最大程度满足客户的金融需求。

（3）跨界生态。跨界生态是指金融服务提供机构将自身的金融服务与大宗贸易、不同品类、平台采购、第三方监管、在途质押等场景与第三方合作伙伴融合，形成多领域的跨界金融服务生态。

（4）流量性。流量性是指场景金融以获取客户流量为目标，将客户最高频使用的金融需求作为场景设计的核心，能被金融机构所关注并挖掘，金融机构通过这一场景，可以获得较大规模的客户流量，并转化为收益。

金融服务的规模化、批量性、营利性与客户个性化需求具有一定的矛盾，但场景金融并不能无限度满足个体客户需求。场景金融同样需要将客户的场景需求进行一定程度的裁减、归类，跨平台合作和多场景服务既能满足客户的共同需求，又能满足客户的个性化需求，从而实现金融的规模效应和范围效应。

3. 场景金融的运行机制

数字化场景服务的实现，通过数据驱动模式，对精准化服务进行分析、搭建和处理，以重新设计场景。商业银行应充分认识场景金融的发展趋势，创新供应链金融的业务模式，重视金融需求与供应链运营场景的紧密融合，实现供应链金融服务的场景化、个性化，提升核心竞争力。

依据信息不对称原理，场景金融本质上也是进一步获取客户信息，使得信息的及时性和全面性得到提升，可从根源上解决信息不对称问题。

(1)场景化服务特定化

场景化服务的核心是以特定的供应链金融场景作为出发点,分析场景数据,挖掘用户真实需求,提供基于场景的精准化信息服务。大数据和智慧化技术能更具象地追踪动产的行为轨迹和事实的真相,这是实现精准化信息服务的基础。

(2)产品设计差异化

不同行业、不同供应链中的企业都具有不同的服务场景,从而产生千差万别的客户需求,必须深入理解客户需求的场景,掌握中小企业的不同需求,为客户提供定制的产品和服务。

(3)定价个性化

供应链金融服务具有一定的定价弹性,服务定价可以根据不同的获客成本和客户对价格的敏感度,建立相应的定价分析量化模型,实现个性化的定价策略。

(4)业务模式敏捷化

供应链运营本身多为敏捷化模式,利用数字技术迅速改变和执行企业战略,发展新的业务模式,敏捷应对数字化时代下的客户需求。

3.5.2　供应链金融场景的定义与内涵

理性主体的所有行为都是在接受一定信息量的基础上做出的,且在行为发生时一定处于特定的时间、空间中。在商业中,可理解为特定的场景引发了用户需求,从而导致用户进行相关消费或交易行为。基于"互联网+"和数字化而发展的场景化金融是金融业创新的必然趋势之一。

供应链金融场景的内涵

供应链金融的场景可以理解为：基于特定的时空范围，以"动产"为中心，以融资需求为导向，以感知设备为载体，以交易为表现形式的行为总和。通过数字技术获得事实和真相，理解主体的真实意图和融资诉求，匹配与主体需求相适应的服务，实现精准场景化服务。

供应链金融场景要素关系如图3-2所示。

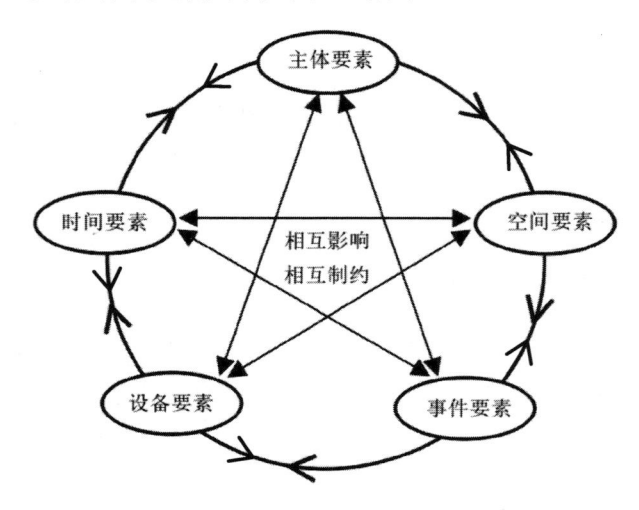

图3-2 供应链金融场景要素关系

主体要素：场景中的主体要素是动产，是场景中最核心的要素。主体要素既是场景化服务的起点，也是终点。主体要素包含存货、应收账款等动产。

时间要素：时间要素包括共时性和历史性。共时性侧重分析供应链金融场景各部分之间的相关关系，形成场景的时空结构；历史性侧重考察场景的发展变迁过程，需要理解不同时间段的场景形态。

空间要素：空间是场景发生、发展所依存的生存环境。空间包括地理范围的空间、运输路线，还包括地理空间的环境特征（如声音、光线、温度、湿度等）。

设备要素：设备是感知场景的技术支撑。通过感知动产在时间、空间等情境的变化信息，再通过感知设备的运算环境，可量化计算动产的真实场景需求。

事件要素：事件是金融资产风险和主体利益变化而产生的行为。这些行为变化形成的海量数据是驱动场景化服务的关键要素，对事件进行数据挖掘，可精准匹配用户的场景需求。数据交互越频繁，事实关系就越清晰，场景结构的解析也就越明晰。

3.5.3 供应链金融场景化构造机理

1. 平台化与场景化的区别

平台化以平台建设为中心，以凝聚双边用户为目的，始终以规模化、抢占市场、争取用户为目标；而场景化则以特定的、实际的用户场景为中心，以服务用户场景需求为目的。所以，平台化和场景化是供应链金融实践中的两个不同阶段，在实践中要注意区分。

在互联网兴起之初，基于互联网思维构建的商业模式以吸引用户为中心，注重用户需求，平台提供丰富、全面的功能，可满足绝大多数用户的需求，从而留住用户。而场景化不但要吸引用户、以用户为中心,而且要以用户的个性化场景为关注焦点、理解重点和服务对象,因为场景是一个更加复杂的对象,不但包括时间、空间,而且包括硬件要素、软件环境,甚至用户心理、社交环境等,多种关键要素的结合共同构建了用户场景,而这种用户场景也是引发用户需求的关键所在。

2. 场景化构建原理

供应链金融场景化能力的构造应遵循以下原则。

(1)场景的辐射力。首先平台要具有足够的辐射力,形成对用户的吸引,吸引足够的用户形成基本盘。平台的功能对不同场景、不同用户都具有较强的吸引力,足够强大的通用服务能力是辐射力的基础,平台提供对多个领域、多种场景、多个用户群体及个体的服务,可满足用户对于一站式服务的需求和个性化服务的需求。

(2)场景的连接力。实现场景与用户、场景与服务之间的有效连接,重建用户与服务之间的关系,使得连接力成为场景化的关键方法。场景连接双边用户,将信息有效传递到资金供给方,全面赋能金融服务功能,实现金融要素的有效连接。

(3)场景的服务力。金融要有有效连接,为用户提供适合特定场景的服务,用户服务能否达成将成为平台能否实现盈利的检验标准。供应链金融的服务力体现在以低成本实现具有"短、频、快、急"特质的用户融资需求。而场景服务力最终体现为用户体验。用户是平台间竞争的对象和利润的来源,用户体验是争取用户的关键,良好的用户体验能够增强平台的吸引力,获得用户的认同感和黏性。

因此,场景化要求平台在场景的辐射力、连接力和服务力上下功夫，打通场景、用户和服务之间的关系，为数字化的服务场景的构建做好充分准备。

3. 供应链金融场景化原理

供应链金融具有极强的场景化、数字化运作特点，它基于供应链生态圈模式引入互联网金融的场景化思维，从供应链用户需求出发，围绕供应链上下游企业进行全方位的分工与协作。在数字化背景下，供应链是多主体、货、场（设备）的高度融合，通过考量客户在交易时的背景、目的、环境和习惯，依托云计算、大数据和物联网等创建金融生态体系，达到与用户的高黏性互动，使得多元、动态、碎片化的隐性场景特征被互联网和物联网所感知和识别，才能够与金融业务结合起来形成供应链金融场景化，从而重构传统线下供应链金融模式和流程。

供应链金融场景化，本质是利用全面的数字化技术，搭建收集、转换、传递有效信息的通道，降低信息不真实、不对称的程度，更加注重掌握构成真实交易的"人、货、场"的运营数据。供应链金融科技平台在金融机构与核心企业、中小企业之间搭建信息传递渠道，构建多主体参与的生态系统，多渠道、多维度地帮助金融机构搜集有价值的信息，提高信贷工作效率，降低信贷交易成本，解决抵质押品的经营风险、道德风险、逆向选择、合约执行以及高监管成本等问题，不仅能够有效解决传统农村信贷交易成本过高导致的金融机构慎贷、惜贷问题，还解决了信贷资金用途不匹配和使用不规范等贷后资金监管问题。

通过数据和技术洞察经营主体的经营状况，将金融服务嵌入供应链运营的实际场景中，在互动中大幅减少信息的不对称问题，达到实时监控风险和分散风险的作用。供应链金融场景化高度整合物流、资金流和信息流，形成同业监督和参与约束等机制，从而激发核心企业的主导、传递、监管和预警作用。通过对用户的连续跟踪调查，提供数字化产品、业务流程、风险控制和客户体验的全方位管理，整合、共享互联网内外部数据，收集客户、业务、运营、风险的数据和信息，预测市场需求，洞察金融服务场景的变化，验证和掌握生产经营情况，实时监控风险。

金融机构与核心企业利用责任捆绑和风险分担，督促客户按时还贷，形成正向激励；通过控制采购渠道和销售渠道，制定违约惩罚机制，实现供应链上信贷资金的自偿、封闭和循序渐进运行，在风险可控的情况下，深度发掘供应链价值，降低交易成本和风险。

3.5.4 场景化策略

场景化金融引发金融业的变革，孕育出许多全新的商业模式。商业银行需要对场景化金融愿景有整体的规划，经营决策者需要深刻理解场景化金融本质，并对新一代信息技术有全面的认识，建构信息平台，对整个产业链的业务需求进行深度整合，从而实现客户体验、数据分析、风险管理与成本控制等多方面的突破。

构建供应链金融场景化的策略如下。

1. 融入供应链场景，成为生态的营造者

实现场景的便捷服务，需要金融机构将融资场景、互联网商业模式和金融服务有机组合起来，并积极拥抱数字技术，对整个产业或供应链（特别是核心企业及其一级供应商）进行线上与线下资源整合，成为生态圈的营造者。

2. 搭建大数据平台，打造场景的数据仓库

利用大数据分析能力，对客户进行深入分析，并在此基础上主动适应客户生活场景，建立主动型客户关系管理和立体式客户分层体系，全方位跟踪客户活动，敏锐洞察金融服务场景的变化，为客户提供全面的金融服务产品。

利用大数据挖掘潜在的场景，是开发新市场和产业链场景构造的重要方法。对用户数据进行可视化分析和预测性分析，使用数据挖掘算法等方法发掘场景特点，作为开发新场景和设计新产品的依据。

大数据平台应制定统一、严格的数据标准，以便发挥大数据平台的规模化效应，实现完整的数据共享和互联，实现对区域和产业最大范围的覆盖。在数据共享方面，按整合内部数据、对接各级政府部门的大数据、产业链横向与纵向数据连接等多个方向齐头并进，建立完整的数据视图。

3. 平台采用快速迭代的开发和研究架构，应对敏捷化和创新的需求

新一代智能技术发展速度极快，采用新技术可以有效应对业务场景的快速变化，是形成平台竞争力的关键。对此，需要减少系统的结构化开发，而采用敏捷开发的方法，提供具有灵活弹性的服务配置方案。部署开放云平台的 IT 架构有助于支撑业务部门，既能快速迭代，又能弹性应对客户需求的快速变化，为业务开展提供一个安全、可靠、敏捷、可扩展性强和不间断运行的平台。具体可采用中间件、中台化的双速架构,在现有系统的基础上增加中间件层,与原有系统协同交互,支持规模化敏捷开发,实现敏捷和创新类应用业务的迅速交付。

4. 平台嵌入产业链场景

在产业供应链中采购、物流、生产、销售、结算各环节形成具体的业务场景,各类场景中具有不同的风险控制要点。对此,需要建立各环节标准化的业务流程,在标准化流程中嵌入供应链金融平台功能,实现流程与平台的信息共享及线上流转,精准响应链上企业融资需求和实施有效的风险控制。

比如在采购阶段,以真实的贸易背景合同产生的预付账款为场景,嵌入平台的保兑融资功能;在物流场景中,货物入库形成质押场景,嵌入平台的仓单或存货质押融资功能;销售场景中赊销形成的应收账款融资;在结算场景中,核心企业开具的商业承兑汇票、银行承兑汇票、电子债权凭证等融资。

5. 金融机构的产品化

根据业务场景的不同来细分市场,金融机构设计多元化的产品,通过平台向用户展示金融产品的特点、适用条件、申请条件、融资成本、办理流程、需提供资料等。例如,针对预付账款融资的保兑仓融资、先票后货融资、担保提货融资、未来货权质押、法人账户透支、信用证等。

3.5.5 场景化与风险管理

供应链金融的场景化对于风险管理的价值体现在以下方面。

(1) 场景化与数字化相结合,提高风险识别能力

在供应链金融场景化模式下,金融机构依托专业金融科技公司创新和优化供应链信贷产品,以数字化手段提高识别风险和控制风险的能力,降低交易成本,提高金融机构贷前审查和风险识别的效率,降低信用风险和操作风险;在风险识别方面,场景化与数字化相结合,注重将风险管理前置,通过生产量化模型进行定量分析和比对,掌握供应链生产的数据和资金使用效率,降低由信贷信息不对称导致的市场风险和经营风险。

(2) 以场景化的信息渠道把握生产风险的实质,提高资金监管效率

在风险评估方面,基于场景特征建立信息收集渠道,深入了解和把握供应链场景的风险本质,发挥核心企业掌握客户信息的优势,准确评估风险,采取相应风险控制手段,有效缓解信息不对称问题,降低融资的信息成本、运营成本、执行成本和违约成本。

(3) 以大数据技术实现实时风险监控

金融机构依托核心企业和金融科技公司建立全流程风险控制,实施贷后动态监控,掌控信贷主体的生产经营和资金使用情况,同时基于场景的量化模型精准投放资金,通过分段投放和精准"滴灌"来分散和降低风险,提高资金使用效率。

3.5.6 动产质押监管场景的智能化

动产质押业务是国际上主流的物权质押融资方式。银行要求借款企业提供合法的标的物,并按一定的质押率为企业进行贷款。一

般，动产质押融资的风险包括物权瑕疵、第三方物流监管不力、质押大幅跌价、多次质押、欺诈等问题。在实践中，质押监管场景面临参与方的地理隔离、信息沟通不便、人工巡库成本高、单据审核成本高、容易造假、流程烦琐、效率低等问题。

1. 智能化主要内容

基于智能设备、结合物联网来构建在线监管方案，是解决质押监管场景问题的方法。结合物联网、AI 等技术，对动产质押场景通过物联传感设备及智能设备获取实时、可信的场景信息，并对数据进行智能分析，可识别用户经营变化和违规操作等具有风险的行为，实现有效的自动化风险预警与控制。以计算机视觉技术为中心，以现场视频数据为核心，发挥人工智能算法优势，结合定位、传感器等物联网感知技术，全面替代人工监管工作，实现对动产质押品完整性、状态变化的全流程实时监管，达到降本增效、控制风险的经营目标，解决信息不对称、信息失真和权属不清等痛点问题。

（1）质押品异常状态监管

为防范质押品未经允许私自转移、出库、出售，可在受控区域内结合 AI 视频技术智能布防。

例如，为防止一些容易损毁或灭失的质押品出现风险事件，对环境因素较为敏感或散装的特殊质押品进行实时监管：热成像监控抽取点、线、面的精确测温，对于温度异常、火点以及烟雾及时触发报警；温湿度传感器、水浸传感器、液料位传感器等物联传感设备可实时传递质押品的状态和数量信息，实现对质押品的动态监管。

(2）质押品空间状态变化监管

质押品空间状态变化监管可分为在途和在库（园区）状态变化的监管。在途监管可对行驶线路、车辆维修、装卸点等进行动态监管，以及对在途车箱内的货物状态进行监管，确保货物安全。在库的监管可在园区的出入口和装卸点布置车牌智能识别系统和地磅称重系统，对车辆载重情况进行自动记录，协助匹配质押品数量的动态变化，实现进出装卸作业的动态监管，防范内部人员的作弊行为。

（3）质押品精准定位管理

对于数量大、价值高和存放周期长的质押品，如钢卷、贵金属等，人工管理难度大、响应慢、精细程度不高，容易造成货物损没。利用 RFID 定位技术，定期进行人工巡查或自动巡查，即可完成质押品的自动化、快速盘点。

基于物联网的动产质押监管平台由硬件基础设施平台、软件平台两部分构成。硬件基础设施平台主要包括监控设备、门禁系统、网络通信系统、智能终端、RFID 电子标签、读写器（天线＋控制器）、视频服务器、数据库服务器等；软件平台包括大型数据库系统、动产质押监管系统、远程签到系统等。

2. 质押监管系统主要设备及技术

下面以钢卷质押监管平台为例进行说明。

1）硬件系统及软件系统

（1）监控设备：在仓库必要位置布置智能摄像头，实现全方位监控，并连接到系统视频服务器。

（2）门禁系统：出入库物品通过 RFID 电子标签进行身份识别，并连接仓库 PC 终端，出入库行为受系统服务器控制。

（3）智能终端：通过智能终端设备实现远程签到。

（4）读写器（包括天线、控制器）：通过手持设备对出入库进行盘点，并通过网络连接到动产质押监管系统数据库服务器。

（5）采用大型数据库系统对所有数据进行管理。

（6）动产质押监管系统：监管终端上的管理系统。

（7）远程签到系统：通过智能终端设备实现远程签到。

2）动产监管平台的功能模块

（1）远程监控模块：

① 远程视频监控设备在本地连接硬盘录像机，通过网络远程连接到动产质押监管系统。

② 视频主要保存在本地硬盘录像机中。

③ 每间隔一定的时间就上传所抓取的照片到视频服务器。

④ 在无人值守仓库的情况下，如果远程监控设备捕获到移动物体，则可以通过监管系统向监管人员和公司管理人员发送报警信息。

⑤ 管理员可以通过手机或电脑利用远程监控设备监控仓库情况。

（2）智慧物联模块：

① RFID 电子标签：每一个监管物品都内置 RFID 电子标签，全

程跟踪物品状态。

② 读写器（天线和控制器）：读写器与 RFID 电子标签进行数据通信和数据读取，实现远程监管与电子标签的双向写入。

③ 智能门禁系统：质押物的出入库由门禁系统来识别和控制通行情况，门禁系统采集出入库数据。

（3）远程定位模块：

① 监管人员定位：监管人员安装监管系统 App，通过监管系统可随时查看监管人员在监管期间的地理位置，了解当前的值守情况。

② 质押物定位：对被质押的车辆安装 GPS 定位设备，定时向系统发送车辆的实时位置。当车辆位置超出监管区域时可发送报警信息，实现对车辆的监视与管理。

（4）仓储管理模块：

① 入库管理：用于对所有进入仓库的物品进行管理。

② 出库管理：管理物品的出库情况。

③ 数据分析统计：对物品的出入库情况进行统计。

3.6 小结

金融科技的应用重塑了传统金融业务场景，优化了金融生态。特别是第三方金融科技平台的出现，改变了供应链金融的业务模式，也改变了供应链金融市场的格局。

供应链金融科技平台本质上就是金融科技平台。金融科技平台以提供数据服务为中心，从大数据走向小数据，对融资场景的刻画也越来越精细，为精准、有效地解决中小企业的融资问题提供解决方案。

设计金融科技平台商业模式需要考虑到价值主张、价值对象、价值来源、价值活动、价值壁垒。

场景化思维的核心是以用户特定场景为关注焦点，挖掘用户在这一场景中的信息需求和服务需求，进而匹配相应的服务，是深耕细作的服务思维。场景化要求平台在场景的辐射力、连接力和服务力上下功夫，打通场景、用户和服务之间的关系。

第 4 章　供应链金融的数字孪生技术

4.1　供应链数字孪生

4.1.1　供应链数字孪生的应用基础

对"供应链"这一物理对象(系统)进行数字化的模拟与控制,是供应链数字化的高级形式。

工业互联网发展的核心思想是"数据+模型=服务",供应链数字孪生也遵循这种发展思路。从模拟(仿真)和控制这两个科学维度来看,数字化模型是采用信息技术对物理对象的数字化表达,再结合对物理对象进行"控制"的水平(从低到高)划分出以下三种模型。

(1)数字模型,对现有的或者正在规划中的物理实体做数字化的表达,虽然该表达具有高度的模仿性,但不涉及物理实体和数字模型之间的数据交互,是单向的描述型数字模型,具有静态、滞后等特点。

(2)数字影子,建立从物理实体到数字模型的单向的自动化数据流,将传感器数据实时输入到建模和仿真应用中,也可以称之为监测型数字模型。数字影子如同物理实体的"影子",与物理实体具有高度的相似性,且与实体实时、同步、同样地变化,"影子"不会对实体产生影响,但实体会影响"影子",这依然是单向的实时互动。

(3) 数字孪生,支持物理实体和数字模型进行实时双向的数据交互。一方面可以输入实时的传感器数据,另一方面可以输出生产制造过程或者生产设备的相关参数。数字孪生相对于数字模型,新增了虚拟映射对物理实体的反向影响,使得物理实体和虚拟映射进行双向同步的变化,从而实现"虚实"之间的相互控制,都具有相互读取和写入的权限。

供应链数字孪生贯穿供应链系统的全生命周期,通过实时更新实体的数据,监测供应链运营的完整性,以及运营流程、运转设施等性能,持续优化供应链实体系统全部过程。

4.1.2 供应链数字孪生解决问题的思路和特征

传统的供应链管理方法,要实现或达成供应链管理目标,需要先做好详尽的供应链规划,一边试验、一边改进,在反复试验多次后,才能接近预期的目标。

供应链数字孪生通过将本来在物理世界中进行的试验和决策优化的过程,置于数字世界中进行,搭建物理事物或系统的动态模型,依赖传感器数据实时动态理解其状态,并对变化及时做出响应。供应链数字孪生模拟影响决策的现实供应链系统,能够在不涉及物理世界的情况下提供解决方案,降低试错的成本、缩短了系统优化周期,保证供应链运营始终以最优的状态运行。

根据供应链系统的复杂程度，供应链数字孪生包括组件级别、资产级别、系统级别和过程级别，不同级别的数字孪生提供不同的功能。

（1）组件级别：维护组件和监控性能，如物流设备的运转。

（2）资产级别：对存货、订单或运输品的保障，资产的监管、预测性维护和体验优化。

（3）系统级别：涉及多个组件或者资产的串联，关注协作作业的效果，如智能仓储。

（4）过程级别：最高级别，从业务角度面向运营指标，对吞吐量、质量等进行优化。

供应链数字孪生可分为时空孪生、设备孪生和运营孪生。

（1）时空孪生

供应链系统中具有时间和空间方面的典型特点的对象，如大型仓库、配送网络、物流园区等属于几何空间较大的对象，时空孪生产生的时空大数据体量最大、增量最多大数据。

（2）设备孪生

设备具有价值昂贵、结构复杂等特点，数字孪生可表达设备的动态控制信息，如温度、湿度等。边缘设备上报传感器的实际值，反映当前设备的真实状态，也可通过更改设备孪生中的期望值，从而达到控制边缘设备的目的。

（3）运营孪生

供应链系统包括多个独立智能对象，对象之间的联系非常密切并互相影响，且系统持续运行。运营孪生结合网络孪生、客户孪生和空间孪生等构建基于 5G 网络的数字孪生系统，真实模拟物理世界的供应链运作，将物理世界中发生的事件进行实时数字化模拟，并对孪生空间进行人工智能注智，成为控制供应链这一复杂系统的新方法。

4.1.3 供应链数字孪生架构

供应链数字孪生的体系架构，如图 4-1 所示。

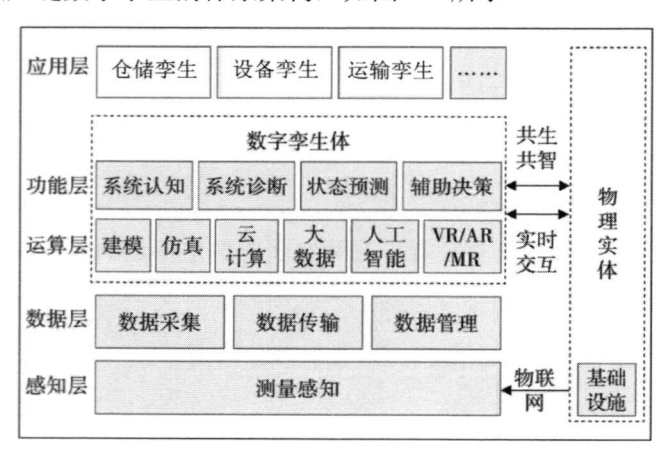

图 4-1 供应链数字孪生体系架构

图 4-1 中的几个重要组成部分解释如下。

（1）感知层：主要包括物理实体中结合物联网技术的基础设施，例如仓库中的各种智能物流设备，以及各类装有传感器的运输工具。

（2）数据层：主要包括保证运算准确的高精度的数据采集、保证交互实时的高速率数据传输、保证存取可靠的全生命周期数据管理。

（3）运算层：运算层是数字孪生的核心，其充分借助各项先进技术来实现对下层数据的利用，以及对上层功能的支撑。

（4）功能层：功能层是数字孪生的直接价值体现，实现系统认知、系统诊断、状态预测、辅助决策功能。系统认知是指数字孪生可真实描述及呈现物理实体的状态，同时还具有自主分析决策、预警提示等功能，是智能化的高级功能；系统诊断是指数字孪生实时监测系统，以判断即将发生的不稳定状态，即"先觉"功能；状态预测是指数字孪生根据系统运行数据对物理实体未来的状态进行预测，即"先知"；辅助决策是指能够根据数字孪生所呈现、诊断及预测的结果对系统运行过程中的各项决策提供参考。

（5）应用层：应用层是数字孪生的最终价值体现，为供应链运营提供全面的赋能，为敏捷供应链管理提供实时支持，实现智能监管、数字车队、智慧园区等功能。

4.1.4 供应链数字孪生的支撑技术

物联网、云计算、人工智能、区块链等新一代信息技术的发展，使得供应链数字孪生的核心元素得以实现。供应链数字孪生的支撑技术可以划分为以下三大类型。

（1）连接类技术：数字孪生要求实时双向交互，需要通过连接手段，实现对供应链系统中仓库与仓储设备等设施的数据采集。

（2）计算类技术：数字孪生对供应链系统进行精确建模和动态决策，需要依赖数据、模型和决策的计算，从而创造价值。

（3）交互类技术：供应链数字孪生的交互包括数字供应链与数字供应链、数字供应链和物理供应链、数字供应链和人的交流干预协作、信息流动和交换。为了使这种交互更加灵活，数字孪生需要对交互的接口、界面等进行规范和设计。

1. 连接类技术

（1）物联网。物联网是数字孪生连接物理实体和产生数据的基础，也是数字孪生的底层关键使能技术。物联网拥有射频识别、二维码、传感器等数据采集方式，转换后的信息可以全面和整体感知物理世界，是实现数字孪生的重要基础和前提。物联网可真正实现供应链系统诸多对象的互连及诸多物理设备的在线化，可对物理设备数据进行实时采集和监控，利用交互操作实现虚拟世界对物理世界的闭环控制。

（2）5G。虚拟模型的精准映射与物理实体的快速反馈控制是实现数字孪生的关键。虚拟模型的精准程度、物理实体的快速反馈控制能力、海量物理设备的互连对数字孪生的数据传输容量、传输速率、传输响应时间提出了更高的要求。5G技术具有高速率、大容量、低时延、高可靠的特点，能够契合数字孪生的数据传输要求，满足虚拟模型与物理实体的海量数据低延迟传输、大量设备的互通互连的要求，从而更好地推进数字孪生的应用落地。5G应用在供应链各个环节，包括车间、仓库、运输、配送等，对各类人员、车辆、设备数据进行实时高效采集，同时支持数字化平台决策控制指令的实时闭环分发。

2. 计算类技术

（1）边缘计算。边缘计算技术可将从物理世界采集到的数据在边缘侧进行实时过滤、规约与处理，从而实现用户本地的即时决策、快速响应与及时执行。使用云计算技术可将复杂的孪生数据传送到云端进行进一步的处理，从而实现针对不同需求的云边数据协同处理，进而提高数据处理效率、减少云端数据负荷、降低数据传输时延，为数字孪生的实时性提供保障。边缘计算与 5G 技术密切相关，可在靠近应用设备的地方对数据进行存储和计算，支持数据本地化保护、降低应用的响应时延，支持以更低的网络成本处理更大流量的业务。供应链数字孪生涉及大量数据的实时处理，基于边缘计算能够对本地数据进行过滤，降低流量成本，同时支持实时的决策和控制响应。

（2）云计算。供应链数字孪生涉及大量数据的存储和计算，包括历史数据和实时数据，需要大量的存储和算力。云计算是供应链数字孪生得以应用和发展的基础。供应链数字孪生利用庞大的云计算资源与数据中心，动态地满足数字孪生的不同计算、存储与运行需求。

（3）大数据。数字孪生中的孪生数据集成了物理感知数据、模型生成数据、虚实融合数据等。大数据能够从数字孪生产生的海量数据中提取更多有价值的信息，以解释和预测现实事件的结果和过程。基于大数据，可以将现实生产中产生的业务数据进行采集、整理和分析，形成结构化的供应链数字孪生模型数据；同时，大数据也可以支持供应链数字孪生模型的智能化决策计算，发挥数字孪生的业务价值。

（4）人工智能。通过智能匹配最佳算法，可在无须数据专家参与的情况下，自动执行数据准备、分析、融合，并对供应链孪生数据进行深度挖掘，从而生成各类型服务。供应链数字孪生有大量需要人工智能加持的场景，可大幅提升数据的价值、各项服务的响应能力和服务准确性。人工智能可以对供应链运营业务历史数据进行分析，得到一些依靠直接采样不容易获得的数字孪生模型业务参数。

（5）区块链。区块链可对供应链数字孪生的数据安全提供可靠保证，确保孪生数据不可篡改、全程留痕、可跟踪、可追溯等。此外，通过区块链建立起的信任机制也可以确保服务交易的安全，从而让用户安心使用数字孪生提供的各种服务，特别是在金融业务中的服务。区块链的核心技术包括分布式账本、非对称加密、共识机制和智能合约，区块链上的数据具备公开透明、不可篡改的特性，支持线上高可靠、可信任的数据和资产共享，支持数据可视化追溯。区块链的智能合约支持按需进行跨组件、跨系统的有效性校验，以及灵活的数据和模型交易。

（6）GIS。GIS（地理信息系统）结合地理学、地图学、遥感和计算机科学，能够对空间信息进行分析和处理。GIS 对于供应链中涉及空间建模的数字孪生尤为重要，包括长途运输规划、配送路径优化、仓库内部的路径优化等，都依赖 GIS 进行孪生体的构建。

（7）仿真建模。仿真建模是指采用一个相对简化的系统来表征另一个供应链系统的主要行为或特征。仿真建模是供应链数字孪生的核心环节，能够和现实供应链实时精确交互，支持跨系统、全流程以及全生命周期的联动管理。

3. 交互类技术

（1）机器人技术。机器人具有感知、决策、执行等基本特征，可以辅助甚至替代人类完成危险、繁重、复杂的工作。机器人能够辅助人类提高工作效率与质量，或者扩大人的活动及能力范围。在一些关键的物流系统，机器人技术和数字孪生互相推进，协同发展。

（2）扩展现实技术。扩展现实技术包括增强现实（AR）、虚拟现实（VR）、混合现实（MR）、全息等技术。VR技术利用计算机图形学、细节渲染、动态环境建模等实现虚拟模型对物理实体属性、行为、规则等方面的可视化动态逼真显示；AR与MR技术利用实时数据采集、场景捕捉、实时跟踪及注册等实现虚拟模型与物理实体在时空上的同步与融合，通过虚拟模型增强物理实体在检测、验证及引导等方面的功能。全息通过光线重建技术，构造出可融合到环境的三维立体画面。实现可视化与虚实融合，使虚拟模型真实呈现物理实体，以及增强物理实体功能。

（3）通用开放式协作接口。为了使供应链孪生模型具有较长的生命周期，同跨行业、跨企业、跨系统、跨设备的其他模型方便地对接和协作，供应链数字孪生要求采用通用的接口、程序语言等。

4.1.5 供应链数字孪生的功能与特点

1. 供应链数字孪生的特点

基于新一代信息技术实现的供应链数字孪生是具有数据连接的特定物理实体或过程的数字化表达，该数据连接可以保证物理状态和虚拟状态之间同速率收敛，并提供物理实体或流程的整个生命周期的集成视图,以优化供应链的整体性能。供应链数字孪生具有以下几个典型特点。

(1)互操作性。供应链数字孪生中的物理对象和数字空间能够双向映射、动态交互和实时连接,具备以多样化的数字模型映射物理实体的能力,能够在不同数字模型之间转换。例如,数字模型可以直接下达订单,而现实中的订单也可以直接被输入到数字模型中,且两种订单都是有效的订单。

(2)可扩展性。供应链数字孪生具备集成、添加和替换供应链数字模型的能力,能够针对多尺度、多物理、多层级的供应链模型内容进行扩展。

(3)实时性。以一种计算机可识别和处理的方式管理数据,从而对随时间轴变化的物理实体进行表征。表征的对象包括外观、状态、属性和内在机理,形成物理实体实时的数字虚体映射。

(4)保真性。保真性要求虚体和实体不仅要保持几何结构的高度仿真,而且在状态和时态上也要仿真。

(5)闭环性。数字虚体用于描述供应链物理实体的可视化模型和内在机理,以便对物理实体的状态数据进行监视、分析推理,优化工艺参数和运行参数,实现决策功能,即赋予数字虚体和物理实体一个"大脑",因此供应链数字孪生具有闭环性。

2. 供应链数字孪生与仿真的区别

仿真是应用仿真硬件和仿真软件通过仿真实验来解决供应链的最优化方案问题,反映供应链系统行为或过程的模型技术。仿真目的是依靠正确的模型和完整的信息、环境数据，反映供应链物理系统的特性和参数。

仿真技术仅仅能以离线的方式模拟供应链的物理过程，不具备供应链数字孪生的实时性、闭环性等特点。供应链数字孪生中包括大量的仿真功能，需要依靠包括仿真、实测、数据分析等手段对物理实体状态进行感知、诊断和预测，进而优化供应链物理系统，同时优化自身的数字模型。

供应链数字孪生与传统的仿真技术都具有资源优化的能力。传统的仿真技术通常只是供应链某一物理系统在数字空间单向和静态的映射，主要用于提升设备的运营效率，分析某一供应链策略的合理性，降低物理测试成本。相比于仿真技术，供应链数字孪生对供应链的整体优化有更大的价值。

3. 供应链数字孪生的功能

供应链数字孪生在实践中，可以实现以下功能。

（1）可视化。使用图形和图像处理来呈现供应链过程或对象的模型或特征，使得原来抽象的、不可见的供应链过程变得形象而生动。供应链数字孪生基于物理世界构建精准的模型，支持对供应链全过程进行监控和可视化展示。同时，基于精准的仿真评估方法，能够对现有物理设施支持的能力和指标进行精准掌控。

（2）优化。对关键的供应链环节进行仿真，使其尽可能地实现一个更好的目标。通过供应链数字孪生高效协同供应链各个环节进行预测、排产，并对多个环节进行串联协同、交叉验证，来帮助供应链优化整体运营，提供精准的运营保障。

（3）预测。预测即获得一个量的预测值的计算过程，如生产量、采购量、库存量等。

（4）仿真。以实验或训练为目的，将原来的供应链系统、事务或流程建立一个模型，以表征其关键特性或者行为功能，为改进决策做支持。一线运营人员可以借助具体结构的孪生模块、串联的模块和过程，对自己所管理的场地进行产能评估、设备模拟、风险预判、策略验证等关键操作。

（5）监控。向人员和控制程序提供自动性能监督和过程状态报警，典型例子是存货质押监管系统。对供应链各个节点（仓储、枢纽、运输、配送）和节点的业务环节（比如仓储的库存管理）建立模型，通过开放接口将模型串联，从而线上使能整个物流网络的功能运转。

（6）增强现实。驻留在真实环境中的对象通过计算机生成的感知信息进行增强。

从管理角度看，数字孪生可实现从低到高的五级功能，如表 4-1 所示。

表 4-1 供应链数字孪生五级功能一览表

级别	名称	关键特征	关键技术
1	数化	对供应链系统进行数字化建模	建模/物联网
2	互动	数字模式与物理系统实时互传信息、指令	物联网/数字线程
3	先知	基于模型、完整数据和控制机理预测、仿真	仿真/科学计算
4	先觉	基于不完整信息和不明确机理推测未来	大数据/机器学习
5	共生共智	数字孪生体内部、孪生体之间共享智慧	云计算/区块链

供应链数字孪生五级功能解释如下。

（1）数化。在传统信息化的基础上，对物理实体进行数字化建模。建模所采用的数据粒度、数据实时性和数据传递以"保真"为目标，即数字孪生与物理实体高度相似，物理实体的各项指标能够真实、全面、实时地呈现在数字孪生中，而数字孪生的变化也能够真实、生动、全面地反映物理实体的变化。

（2）交互。交互是虚、实系统之间实时的交互操作。数字孪生所处状态是物理实体状态的实时虚拟映射，在实时性的前提下，数字孪生与物理实体之间存在数据传递和互相传达指令的活动。

（3）先知。根据物理实体的各项真实数据，通过数字孪生进行仿真，实现对物理实体未来状态的预测，预先知晓物理实体的未来状态，辅助管理者做出更合理的决策。

（4）先觉。根据物理实体的实时运行状态，通过数字孪生进行监测，实现对系统不稳定状态的预测，让管理者预先觉察到系统可能发生的不稳定状态，更从容地处理该类问题。供应链依赖数字孪生对全链进行数据化和可视化操作，以获得库存、市场需求、采购周期等直观的信息，可观察到各环节在联动环境下的供应链计划和执行情况，预测关键点。

（5）共生共智。共生指数字孪生与物理实体在生命周期内同步构建、同步运行，两者在生命周期中是相互依存的关系，缺一不可。共智是指单个数字孪生系统内部以及多个数字孪生之间构成共享智慧（即数据、算法、决策等）。

4. 供应链数字孪生的价值

近 20 年来，供应链管理的思想在产业发展、商业模式创新和管理实践等方面产生了重要的价值，而供应链数字孪生作为信息化的高级阶段，将在供应链管理的理论创新和实践创新方面继续推陈出新。

（1）产业价值。构建全产业链的数字孪生能够促进产业向制造业与服务业融合发展的新型产业形态转型，即从市场需求、顾客价值、产品研发、产品制造、采购订单、运输仓储、售后服务等全产业链角度来创新供应链管理模式，为传统的产业链注入精细化的管理机制，实现更为敏捷和柔性的商业模式。包含产、供、销等全生命周期的数字孪生可建立产品从研发、仿真、智能制造到供应管理的过程，加快产品研发的速度，引领产业发展。

（2）商业价值。企业依赖数字孪生改善产品设计、解决管理问题、优化生产流程，实现提高产品质量、降低生产成本、提升生产效率、响应顾客需求等目标，这也是数字孪生商业价值的重要体现。

（3）社会价值。数字孪生技术能够推动产业全面向数字化和数字经济的转型发展，突破传统的基于计划进行运营的方法，构建以用户数据为导向的数字孪生，整合及利用数据进行模拟决策、资源配置、市场发掘等仿真与复现。

4.1.6 供应链数字孪生的应用

分析供应链数字孪生的应用，需要理解供应链管理的痛点问题，以解决这类痛点问题为目标，充分认识到供应链数字孪生的构建过程，以及供应链数字孪生的应用场景和实际价值。

1. 供应链管理痛点问题

在实践中，供应链管理及运营主要面临如下挑战。

（1）供应链敏捷运营的指标要求不断严苛，用户对供应链响应速度、物流服务质量的要求也在不断提高。

（2）企业难以通过传统组织架构和办公方式快速响应市场变化，更需要从精益管理和快速决策中实现降本增效。

（3）企业信息化、数字化水平严重落后于企业向数字经济转型的要求，数据质量参差不齐，数据信任的问题难以解决。

（4）供应链上下游企业的数据可视性与协同性差，造成上下游企业之间沟通困难，容易做出短视的决策，特别是在销量、库存量和订单提前期等方面。

（5）缺少科学的工具辅助企业的分析和决策。

2. 供应链数字孪生的构建过程

供应链数字孪生以数字化方式复制一个物理对象，模拟物理对象在现实环境中的行为，对产品、制造过程乃至整个系统进行仿真，目的是了解资产的状态，快速响应变化，提升业务运营效率和增加价值。

在实践中，物理实体需要经历多阶段的演进才能很好地实现在数字世界中的塑造。首先利用数字化等技术构建一个物理实体的数字模型；然后利用物联网技术将真实世界中的物理实体进行信息的采集、传输、同步、增强，得到业务中可以使用的通用数据；再对数据进行仿真分析得到数字世界中的虚拟模型，利用虚拟现实等技术在数字世界将其完整复现出来,获得与物理实体交互更友好的方式与界面;最后结合人工智能、大数据、云计算等技术对数字孪生进行描述、诊断、预警/预测及智能决策等,将应用赋能给各类管理人员。

3. 供应链数字孪生的实践应用

供应链数字孪生的实践应用主要包括以下方面。

(1)精准规划。精准规划包括场地建设、网络路线规划以及相关的优化,原本依赖专业的知识经验很难反复验证的工作,都可以基于数字孪生提前交叉验证,从而最终做出精准决策。

(2)资产运营、维护和效能优化。数字孪生累积的大量数据能够基于理想状态值和实际监控值的比较,及时发现和追溯运营异常。此外,基于运营成本和对运营能力指标的评估,能够精准估算投入产出比,支持进一步的商业投资决策。

(3)精益管理,快速响应。自动化、柔性化、智能化生产可以更好地满足客户需求,使得企业从精益管理和精益决策中实现降本增效,并提升服务能力。企业基于数字孪生,能够对生产过程涉及的模块化设备组件进行分别建模,进而基于客户需求装配组合智能设施,适配多样化场景。比如仓库和车间的 AGV 设备可以按需组合,并通过云端流程配置,支持搬运、拣选、分拣等过程。

(4)个性化定制。数字孪生贯穿产品的全生命周期,能够加快产品研发和迭代升级的速度。通过数字孪生,构建标准化、开放化的服务接口以及自动化的过程控制,能够低成本实现定制化服务。

(5)高效协同,保障高质量运营。供应链数字孪生在数字镜像中实时反映供应链各个环节的运作状况,突破传统供应链管理的响应速度慢、沟通难、数据传递慢等问题,上下游节点可快速响应,实现供应链从信息、应答、决策、预测预警等全方位的协同,极大地提升供应链的管理和运营效率,成为真正的敏捷型供应链。

4. 具体应用举例

(1)网络规划

比较繁忙的作业场地和物流运输等环节,需要采用网络规划方法进行建模,对流量、流向规划和具体运输方式进行仿真模拟和运筹优化,并假设一定的前提条件,对运输网络进行迭代式仿真,真实地呈现不同规划条件下的网络规划整体运营结果。例如,在干线运输中,使用分段、多种类的运输方式,将各个物流节点的仿真模型连接成运输网络,预测物资由各个物流节点处理完毕后的流向,解决整体网络压力、网络瓶颈等问题。

现实中的网络规划问题非常复杂,需要考量的条件及参数非常多,一般难以建立精确的模型,也无法制定精确的全局规划方案。实践中的复杂运营规划和各种动态随机性因素,导致管理者无法在短时间内给出优化决策。可采用数字孪生建模方法,依托物联网、云计算、大数据和仿真建模技术,基于获取的实际网络数据和执行策略,精细刻画网络细节,结合算法(如神经网络算法)搭建解决超大规模网络规划问题的智能决策系统。

(2)数字仓储

传统库存通过对库存报表、生产报表进行加工,实现对生产过程的数据统计和分析。这种库存管理方式重点依托人员的经验,投入高、数据实时性差。从仓储管理系统获取实时生产数据，直观展示库存水位、拣货热力、上架热力等仓内生产实况，提升仓储管理的监控、分析和决策效率。

库存模拟仿真技术分为策略仿真优化和参数仿真优化两种方法。

① 策略仿真优化。针对企业所管理的商品在销售趋势、销量标准差等上做定量刻画，初步进行库存策略分类。假设商品某个核心指标发生随机扰动，则在多个策略之间进行扰动仿真，判断库存策略是否稳定，若稳定，则进一步采用某个库存策略，若不稳定，则采用被采纳概率最大的库存策略。

② 参数仿真优化。库存模型多为运营人员手工输入。在海量历史数据中，抽取多参数组合作为基础训练集；同步采用仿真系统生成仿真结构作为补充训练集。采用人工智能深度学习方法，结合迁移学习来训练参数生成网络。在实际系统运行中，按指定时间间隔，以预测准确率为输入，综合关键运营指标为目标，快速、自动生成最优参数组合。由此完成高性能、高准确性、高商品覆盖率的参数学习及自动调参系统。

（3）数字拣选

仓库拣选（拣货）成本占仓库整体运营成本的一半以上。对仓库拣选环节进行优化，可以起到明显的降本增效作用。有效的拣选任务分配是降低拣选时间和成本的关键一环，因为任务分配在很大程度上决定了拣选任务的耗时。在任务分配过程中考虑具体的仓内地图模型以及拣选路径规划，能够极大地优化任务分配结果。

数字孪生的数字拣选，基于实际仓库数字化建模的地图、历史任务分配和拣选路径来执行策略，结合优化算法，在数字系统对任务分配、人员排班、人员调度、人员拣选路径等方面进行综合策略优化，并动态作用到实际仓库。在面积较大、人员流动较为频繁或者货品变化频繁且差异较大的仓库，拣选员通过可穿戴设备，可以和孪生数字系统进行实时交互，基于在线人工智能图像识别，实时获得仓库货物的信息，快速到达正确的拣选位置。

（4）数字安防

下面以物流园区为例讲解数字安防。物流园区是一个多系统、多层次的复杂系统，具有"点多、线长、面广"的特点。为保证物流园区的安全运转，不仅需要管理者拥有丰富的经验、知识，还要求操作人员具备较高的技术水平、安全意识和应变能力。为保证事故、异常的可追溯性，物流园区在现场逐步推广摄像头和报警器，这在一定程度上解决了现场监控问题，但是物流园区监控所需传感器众多，基于人员进行摄像头异常信息排查的工作量较大，并且非常依赖人员的责任感，很难有效排查可能的异常情况。

基于数字孪生的数字安防，允许摄像头通过5G和物联网等技术灵活接入到视频平台。数字安防可以在云端和边缘端构建异常行为建模，以及部署智能识别算法。基于现有的摄像头24小时不间断的动态视频数据采集，对异常行为进行实时识别和报警，比如消防门开启、安全通道堵塞、未戴安全帽、未穿反光衣、暴力分拣、异常掉件等场景。数字安防让技术代替人员，解放了人员的"双眼"，有效提升了仓库的异常识别率，同时减少了对仓库人员的需求，从而达到生产安全保障和降本增效的目的。

(5) 数字车队

在运输和终端配送场景搭建数字孪生，可以在控制成本的条件下提升满载率和人员效率，满足业务实际诉求。数字孪生使能的数字车队是基于5G、物联网、区块链、北斗定位、图像处理、人脸识别、大数据等技术建设的面向物流运输以及其他商用车的车联网融合创新应用体系。通过数字车队可以随时掌握车辆实时位置、货物实时情况、司机驾驶安全等情况。

在运输方面，可以对运输现状情况进行实时观测，并在孪生体上调整线路开通标准、线路设计等关键因素，模拟并评估整体策略，从而导出理想的运输决策。在配送方面，可由路区配送员专职/兼职揽收或由多个配送员配合完成揽派工作，这些运营模式会在很大程度上影响最终的履约效率和履约成本。数字孪生模型对站点覆盖区域的系统仿真建模和策略支持，可以提前预估当前模式下的履约成本和效益，减少人工试错的成本，提高站点的人工效率，支持终端做出更精准的规划和运营组织决策。

(6) 订单实时跟踪

对货物的追踪可视化是管理中的实际需求。但因技术、成本限制，物流追踪应用普遍存在高延迟且无法全程覆盖等问题，从仓储和分拣的出库、拣货，到运输的干线、支线，最后到站点的装卸流程，都会存在货品丢失等问题。应分清责任并寻找问题发生的原点，针对性地解决仓配过程中的各种问题。

解决这类痛点问题需要系统梳理庞大的物流网络中的运营和规

划逻辑，在大规模需求产生的同时也需要快速对网络状态做出判断，并提出有效决策。通过数字孪生模型及其跨系统的开放式协作接口，可以快速协同仓储、分拣枢纽、配送站点以及运输车队等保障订单整体的履约时效。

4.2 动产质押融资与仓单数字孪生

中小企业融资方式有银行信贷、民间融资、集合票据、租赁融资、动产质押（存货与应收账款）等，究竟应当使用何种融资方式，主要取决于金融机构的信息搜寻成本、规模效应等。动产质押的核心思想是利用信息技术来缓解信息不对称问题、降低操作成本、提升风险管理的智能化水平。

4.2.1 动产质押融资

动产担保已经成为国际社会最主要的融资担保方式之一，相对于实物动产，物权的派生权利在国外资本市场实践中被广泛应用。抵押与质押都属于法定的担保方式，动产既可设置质押，也可抵押。两者相比，质押可使担保物的安全性和完整性得到有效保障，也可使担保物权的实现变得更容易。对于银行和中小企业来说，动产质押不失为一种安全可靠的融资担保方式。金融机构能够接受质押的动产主要是应收账款和存货，动产质押融资在经历融通仓、保兑仓等物流金融概念后，逐步过渡到供应链金融概念。

物流银行将商业银行的资金流与物流企业的物流有机结合，向客户提供集融资、结算等多项服务于一体的综合服务业务。物流银行越来越倚重于第三方物流企业，主要表现为物流企业的配套管理和服务，形成了商业银行、物流企业、贷款企业的三方密切合作关系。融通仓融资模式涉及三方，即金融机构、融资企业和第三方物流企业，将待销售产品放入金融机构指定仓库可形成质押。保兑仓在卖方承诺回购的前提下，以贸易中的物权控制作为保证措施，适用于知名品牌产品生产厂家与其下游主要经销商的批量供货模式，但对交易产品有要求：用途广、易变现，价格稳定、波动小，不可消耗，不易变质。

在动产质押中，存货质押融资具有中国特色。缺乏有效的抵押担保一直是制约中小企业融资的瓶颈，而银行要面对质押存货的法律风险（物权瑕疵）、流动性风险（变现难）、价格风险（价格波动大）等。

存货质押融资模式本身存在明显不足，多数商业银行往往忽视质押品在法律权利上的瑕疵。另外，借款人的财务会计信息及质物的价值也是关键。

质押率与风险密切相关，受质物风险性、收益期望、决策模型等的影响。区块链技术与银行业融合后，增加了中小企业篡改或伪造信息的成本，借贷市场将从传统的混同均衡转向分离均衡，使得不同风险类型的中小企业均能获得融资。

4.2.2 仓单融资

仓单是广义上的票据之一，包括物权的法律文书、提取货物的凭证、有价的证券。仓单融资与交易具有便捷性、可靠性、不可抵赖性、流动性的特点。而其他形式的现货交易（包括出质）则需要多次交收，发生多次的移库、运输，费时费力。发展仓单交易和仓单融资具有提升交易效率、减少货物损失、降低交易成本、提高融资便捷性等多重价值。

现货仓单是商品交易的最高级形式，也是主流模式，即"一手交钱、一手交单"。其中仓单融资的动产担保在欧美等发达国家已经较为成熟且得到广泛的应用。仓单作为票据，其核心功能是融资。欧美发达国家的仓单应用有成熟的仓单基础服务、完善的信用增级机制、便利的交易机制，从而达到仓单的高信用和良好的流动性标准。我国仓单的应用极少，以"存货质押监管"为主，只局限于大宗商品外贸现货交易和国内少数期货交易所交易，而不能广泛应用于制造与普通商品流通领域。

仓单质物监管的风险是实践中的核心问题，其中，法律风险是质押金融的根本性问题，也是司法实践与理论研究的重点，主要针对司法实践中的大案、要案。由虚假交易、虚假票据引起的风险是制度性、普遍性的问题。我国缺少大规模的仓单交易市场，这也是导致我国大宗商品定价权缺失的原因之一。

信息不对称是仓单融资应用不足的根源性问题，严重的信息不对称将导致银行的信息搜寻成本和风险提升，最终导致金融排斥（银行惜贷）。在我国大力发展数字经济和制造业数字化转型背景下，仓单数字孪生可有效突破仓单融资的根源性问题，盘活我国制造业与流通环节中万亿元级别的存货资产。

4.2.3　仓单融资与数字技术

仓单融资不足的原因是多方面的，包括信用成本高、个性化服务程度高、运营成本高、质押品选取受限等，但根源性问题还是信息不对称。应用数字技术来解决仓单融资中的信息不对称问题，是数字化时代下产融结合的创新模式。数字孪生与物联网和区块链技术密切相关，尽管数字孪生体系化的普及应用尚不成熟，但已有案例展示数字孪生的重要价值。在我国大宗商品仓单质押融资的实践中，已经出现"数字孪生+仓单"的思路，但尚未构建"仓单数字孪生"理论体系。

国内已经出现多家采用区块链等技术的数字仓单，通过物联网技术建立数字仓单与底层资产的数字孪生关系，以仓单的票据权利为依据，用数字孪生技术自动反馈仓单对应的实物资产状态和环境。这一融资创新模式本质上是基于传感器、物联网、仓库记账和区块链存证等多种智慧技术的综合应用。

仿真模拟的结果能被参与人认可的前提是参与各方对中心化系统高度信任。数字孪生的核心是数据的集成，要解决数据的可信性问题。特别是在"物－物""虚拟体－虚拟体"等形式下的数据双向交互，直接关系到参与人利益，更需要在数字孪生的数据集成机制下，建立区块链机制下的可信数据。

4.3　仓单数字孪生

借助数字孪生技术构建仓单数字孪生的质押融资场景，提供数据驱动的仓单质押融资全流程，以及全局优化的决策和风险控制，重塑仓单质押融资的运营逻辑，可达到决策协同化和智能化。

4.3.1 仓单数字孪生概念

仓单数字孪生理论需要探究仓单数字孪生的内涵与特征，梳理纸质仓单和电子仓单的转换，进而分析仿真、预测、交互控制等功能，以数字映射全面、精确、实时反映仓单资产的全生命周期，利用数据双向交互的功能，创新智能化风险控制机制，从而实现对信息不对称问题的突破。

数字孪生是产业数字化进程中的又一个新阶段，是智能制造和工业4.0重要技术，也是数字经济的典型代表。仓单数字孪生构建虚实交互的仓单融资场景和双向交互反馈的风险控制逻辑。随着数字世界和物理世界之间深度融合的技术条件日趋成熟，数字孪生作为动产质押融资突破性的应用技术，为解决传统动产融资的根源性问题提供全新的解决方案。

仓单数字孪生概念的发展路径是"货物动产－纸质仓单－电子仓单－数字仓单－仓单数字孪生"，本质是通过信息技术不断改进市场主体之间存在的信息不对称问题。

4.3.2 可信数据与仓单数字孪生

在融资业务中，可信数据的增加降低了融资的不确定性，而信息掌握的全面与否决定着质押融资风险的大小。

基于可信数据来构建仓单数字孪生，是数字孪生映射法律关系和数据交互的基础。涉及仓单融资、仓单交易的数字孪生必须以可信数据为基础，要求可信数据在真实性、安全性和全面性方面达到很高的程度。

（1）只有可信数据才能被参与人接受。可信数据使得信息接受者仅根据信息就可以相信某一事实，并做出决策。

（2）机器与机器之间"信任"的前提是数据的可信、可证。数字孪生的核心功能之一是模拟，通过数字模拟取代现实中高成本的人工干预，最终目的是以模拟结果形成替代人工的决策，实现物理实体与虚拟实体的多重交互，其中大量数据的传递和存储是没有人工参与的，必须有机制保证机器之间的交互数据是真实的。

（3）可信数据是实现去中心化技术自治、数字信任的基础。在传统质押模式中，缺少中心化机构监督，信息不对称使得个体之间难以建立信任关系，使得场景中的多方利益受损，业务难以开展而出现金融排斥。数据集成的参与节点具有平等的信息分享权、知情权，形成节点的信息对称情况，实现多方相互监督。所以，数字化协作的前提必然是数字信任。

越是高级的数字孪生功能，越需要去中心化的治理机制。数据采集结合分布式记账，能保证数化、互动功能的实现。共识机制和智能合约等功能，使得数字孪生体不仅是物理实体的数字化复制，还具备虚实之间互相推断与预测，以及与其他数字孪生进行互动、共同进化的功能。这种基于机器信用的能力必然要求构建以智能技术为中心的去中心化、分布式的技术自治模式。

构建数字孪生的可信数据由三类数据构成：基于智能技术直接

采集的数据；由共识机制形成的共识信息数据；由机器计算产生的取证数据。区块链的优势在于可解决数据的可信性问题，三类数据经由区块链存证后形成可信数据。

（1）基于智能技术直接采集的数据是源头真实数据。数据价值取决于信息的真实性、安全性、全面性。物联网的数据采集具有实时性和精确性，数据表征、证明事实的力度强。信息真实性是与客观事实相符的属性，但主体容易受不良动机驱动、监管与约束力不足等因素影响，所以真实信息属稀有资源。信息安全性是指数据在采集、传播过程中难以作假，不会被恶意篡改。信息全面性是指信息量达到足以让人认定某一事实并依此做出决策。

（2）共识机制形成的共识信息数据是协作过程中产生的可信数据。数字孪生是交互、协作的计算平台，在协作过程中产生的可达成共识的数据是可信数据。仅依赖技术自治就能构建信任机制并能创造信任关系、维持交易秩序，这也是分布式治理的逻辑。

（3）由机器计算产生的可信数据，其计算方法有数据勾稽、大数据、边缘计算等。

分布式账本对可信数据的形成起到关键作用。数字孪生经过智能设备采集物理实体的客观数据（事实），经分布式账本进行存储、传播，并形成可信数据，体现的是主观真实性。

（1）源头数据真实是可信数据的基础。如果源头有假，那么相关信息就难以为真，所形成的数据无论以何种方式存在，都是不可信的，不能产生协作效应。

（2）存储真实、传播/传递真实。数据以一定的方式存储，再以一定的方式进行传播，要求传播过程的任何环节都不能对信息的状态、内容进行编辑。

（3）可信数据有证明事实的证明力，具有司法上的证据采信、事实认定作用。分布式账本结合"源头真实+存储真实+传播真实"形成可信数据的逻辑。

4.4 仓单数字孪生的应用框架

4.4.1 仓单融资中的信息不对称问题

融资搜寻理论、信息不对称理论都证明了在中国信贷市场环境下，企业融资难、融资贵的问题很难得到有效解决。仓单的融资与交易是"陌生"环境下跨行业的商业行为，贷款人面临信息不对称、较高搜寻成本、借款人的逆向选择和道德风险等问题。在信贷市场中逆向选择的借款人比信贷人掌握了更多的项目信息，这种信息不对称性将会导致逆向选择风险，提高不良贷款产生的可能性。

质押融资中的信息不对称问题表现在多个方面。

（1）交易信息不对称，表现为商业银行受制于交易真实性这一问题，难以做到深入调查交易背景，对交易真实性的风险因素判断存在不足，使得近年来虚假票据大案频发。

（2）法律信息不对称，银行之间的质押信息不相通以及仓库管理存在漏洞，货主与仓储企业联合进行重复质押或者空单质押，通过一票多押甚至多次质押来从银行融资。

（3）会计信息不对称，虚假、不真实的信息对银行的风险控制和防范影响巨大，报表质量直接影响贷前审查工作的难度和业务成本，其中关联企业的频繁交易、多套报表、账目混乱等使得银行难以衡量借款人的营运能力和还款能力。

（4）物权信息不对称，仓储公司本身的资产总额低、管理水平有限、信用度不高，难以保证监管的有效性，甚至对货物的真实所有权也难以甄别。

可见，信息不对称会制约仓单的应用，仓单融资信息不对称问题的演化如图 4-2 所示。

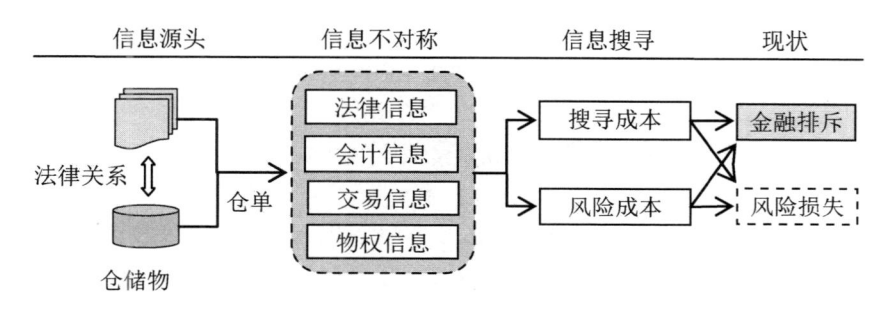

图 4-2 仓单融资信息不对称问题的演化

4.4.2 仓单数字孪生的总体框架

仓单具有资产、金融和交易等经济属性，这些属性都建立在法律关系的基础之上。银行开展仓单融资业务，需要涵盖法律、会计、交易、物权、物理等多方面的信息,且这类信息具有真实性、全面性。所以,必须以可信数据来满足银行希望达到的信息对称要求,在数据驱动的作用下构建数字孪生系统结构。"物理—虚拟"之间具有高度的相似性并由可信数据连接,解决仓单融资中最关键的信息不对称等问题。仓单数字孪生总体应用框架如图 4-3 所示。

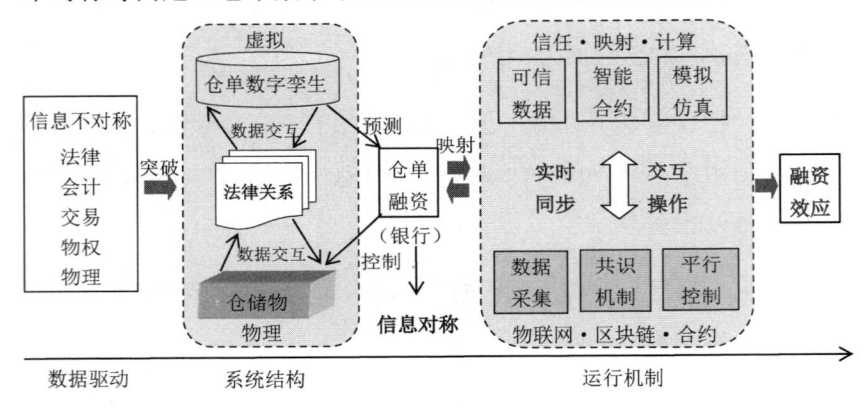

图 4-3 仓单数字孪生总体应用框架

4.4.3 仓单数字孪生的概念模型

数字孪生的研究仍在不断进步与完备的过程中,现有研究主要针对数字孪生的模型构建及其服务应用等方面展开。在建模方面,Grieves 教授将数字孪生的概念模型明确划分,定义了数字孪生原型(DTP)、数字孪生实例(DPI)以及两者之间的聚合环境在内的三维模型。陶飞等研究者基于 Grieves 教授最初定义的三维模型,提出数字孪生五维模型的概念。

数字孪生仍没有统一定义和结构模型,其基本概念模型一般由三部分组成:①物理空间的物理实体;②虚拟空间的虚拟实体;③

虚实之间的连接数据和信息。依据陶飞等提出的数字孪生五维模型，并借鉴数字孪生在其他领域的应用思路与方案，提出仓单数字孪生概念模型，如图 4-4 所示。

仓单数字孪生概念模型主要由物理实体（仓储物）、虚拟实体（仓单）、数字孪生平台与孪生数据所组成。在新一代信息技术和服务理念支撑下，物理实体全面感知自身环境、设施设备、管理人员、操作人员等要素，并根据感知的要素在虚拟空间构建与物理实体完全一致的虚拟实体模型，物理实体与虚拟实体之间的数据实时交互、实时映射。物理数据与虚拟数据集成相应的孪生数据，孪生数据由"孪生大数据+小数据"组合而成，孪生大数据用于预测、评估、优化决策等，而小数据则用于对物理实体的精准控制。

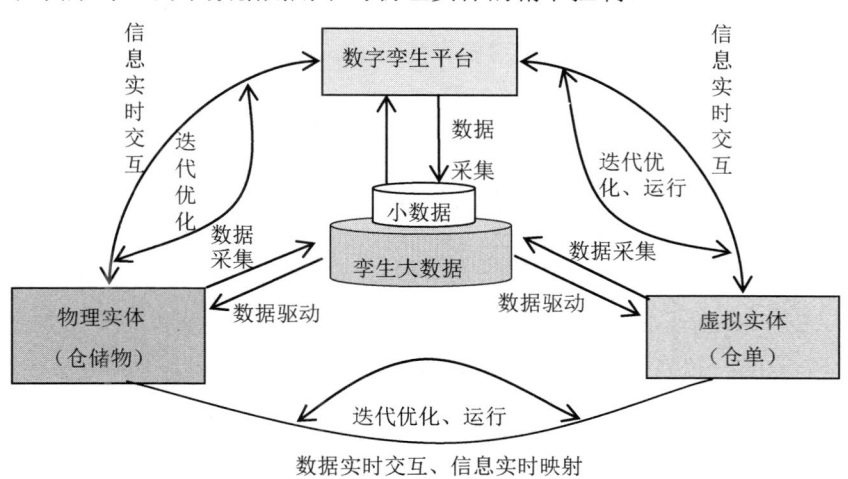

图 4-4 仓单数字孪生概念模型示意图

在数据驱动下，数字孪生平台实现仓单融资的运作流程规划设计、实时运行状态检测、优化管控方案等方面的智慧管理与控制，使物理实体、虚拟实体及数字孪生平台之间实现全业务、全要素、全流程、全数据的融合与集成。最终，在物理实体、虚拟实体与数字孪生平台的迭代优化与实时交互中达到最佳运行状态。

构建仓单数字孪生系统的目的是充分利用物理实体的数据采集功能，将大量的真实信息镜像到虚拟实体，利用虚拟实体模型对物理实体的行为进行预测，并将预测信息反馈给物理实体。"物理—虚拟"之间具有高度的相似性并由可信数据连接，可解决仓单融资和交易最重要的信息不对称等问题。

在传统模式下，银行难以识别特定信息的真实性，且要确定信息的真实性需要大范围地监测供应链上各个环节的物流、资金流和信息流，会产生监测成本高、监管盲区、对风险的感知滞后等问题，而导致"虚假抵押""一货多押"等乱象。

显然，上述问题可以通过构建仓单数字孪生来解决。

4.4.4　基于法律关系的数字映射

仓单的核心功能是融资，其具有丰富的法律关系内涵。多项法律法规对仓单的含义有诸多的规定，仓单的转让、背书、签章等相关操作也有严格的规定。仓单数字孪生应满足要式证券、物权证券、文义证券、自付证券等规定。

仓单具有丰富的法律关系内涵，这一特征也决定了银行在仓单融资中存在"信息对称需求"，且这一需求是刚性的、基础性的，是银行放贷的前提条件。银行采用数字化的智能技术，意在提升信息对称程度，数字孪生技术正是数字化进程的最新发展。仓单具有资产、金融和交易等多样化的经济属性,但这些属都建立在法律关系的基础之上,国家的法律体系维系了仓单融资与交易的正常进行。

产品、建筑、矿山、城市等有形物体的数字孪生,以映射几何空间、机械运动、物理化学属性为主,建模多为"物理-虚拟"的二合一孪生体结构,而较少涉及建模对象的经济、法律属性。仓单则以经济、法律属性为主,必须创新数字孪生的建模思路,才能实现对法律关系的数字映射。

因此仓单可定义为"法律关系实体",仓单数字孪生的作用与价值就是真实、全面地实现基于"法律关系"的数字映射。不同于其他类型数字孪生建模的"物理-虚拟"二合一结构,本书提出物理实体、法律关系实体与虚拟实体相结合的"三合一"结构,体现仓单数字孪生的特异性,如图4-5所示。

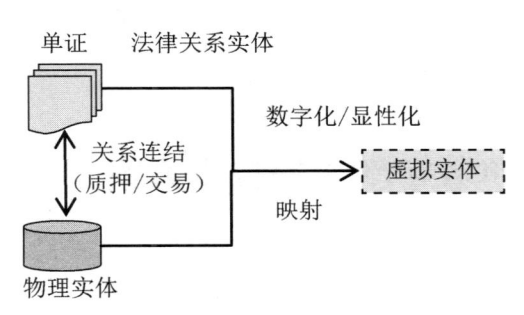

图4-5 仓单数字孪生的"三合一"结构示意图

"法律关系实体"具有独特性。法律关系是隐性的、非可视化的,甚至是抽象的关系。例如,法律关系包括物权/所有权是否有瑕疵、交易关系/质押关系是否成立等重要事实,而这类法律关系隐含在一系列的合同、单证及形式要件(如签章)当中。传统融资业务的单证处理功能就是厘清法律关系的关键，属于最基础、工作量最大的环节，也是出现问题最多的环节。法律关系处理是银行的业务痛点，人工处理单证问题存在技术难度，包括以下方面。

（1）无效单证类型繁多，包括假票据、克隆票据、伪造签章等。

（2）支持性单证的真实性，包括基础合同、相关运输单据、交易出入库单据、检验验收单据等资料的真实性。

（3）串通上下游企业虚构交易、开立票据。

（4）跨流程、跨系统、跨部门、跨机构的单证审查，多借助电话、电子邮件等工具进行，效率低，极大地影响融资速度。在实践中，银行难以做到深入调查企业的交易背景，在多数情况下只能对形式要件进行审核，因而对于法律风险因素的判断存在不足。可见，银行难以审核交易的真实背景，主因是在判断法律关系层面存在较大难度，体现在信息质量不高、证据力不足等。

4.5 仓单数字孪生的技术方案

仓单数字孪生的系统建模

根据以上分析，仓单数字孪生与其他数字孪生（以设备数字孪生为例）的内涵及功能的差异性如表 4-2 所示。

表 4-2 仓单数字孪生与设备数字孪生的差异性一览表

比较项目	仓单 数字孪生	设备 数字孪生	说明
系统目标	信息对称+反馈/控制	预测+反馈/控制	不同
物理实体	形态稳定、空间变化小	形态不稳定、空间变化大	不同
虚拟实体	监测、预警	监测、预警	相近
治理结构	多方参与的契约关系	内部行政授权	不同
双向交互频度	中低频、强交互	高频、强交互	相近
交互操作	受契约、法律限制	直接执行	不同
可信数据	需要	不需要	不同
数字信任	需要	不需要	不同
数据采集	物联网+共识信息+计算取证	物联网+指令+计算	不同

通过表 4-2 中所列比较数据可以看出仓单数字孪生与设备数字孪生的不同。

数据是连接物理实体和虚拟实体的桥梁，仓单数字孪生的数据采集具有实时性和分布式特点。数字孪生模型可获得的信息包括几何尺寸、物理特性和行为等，且数据采集要满足实时同步、可靠映射和高保真等特点。仓单数字孪生还在此基础上叠加了共识信息、计算取证，所以，仓单数字孪生的功能结构更为复杂。

高质量的仓单融资数据是以物理实体的精确小数据来进行构造的，而这类精确的小数据与质押融资的风险要求不谋而合。我国的金融创新实践表明，金融科技为解决中小企业融资难题提供了新的思路，其核心在于将信息技术、大数据等融入金融机构的决策流程，以此提升金融机构的信息甄别、风险控制等能力，例如将大数据用于信用借款就是一种较为成熟的模式，称为大科技信贷。

仓单融资依托供应链交易过程中所产生的物流、资金流、信息流等反映企业生产经营的数据，这类数据是"小数据"，具有真实、精准、可追溯等特点，可满足银行仓单融资业务对数据的要求。可见，大科技信贷与质押融资中的小数据需求存在信息不对称问题。

仓单系统的参与者是非完全信任关系，所以数字孪生不能采用中心化的数据存取模式，需要结合区块链形成"去中心化"的数据治理模式，才能彻底解决信息搜寻问题。区块链依据法律关系、结合共识机制进行取证、存证，进而形成证据链，基于原始证据、证据力、关键证据等证据法学原理，形成仓单数据保真机制、可溯源机制，从而构建与仓单物理实体高度相似的数字镜像。

从应用角度看，仓单数字孪生建模要求不需要覆盖所有维度和领域的数据，可根据实际的监管和风险控制需求进行调整，即抽取部分领域和部分维度的数据来进行建模。依据"几何—物理—行为—规则"模型，提出仓单数字孪生的多层级系统建模，如图4-6所示。

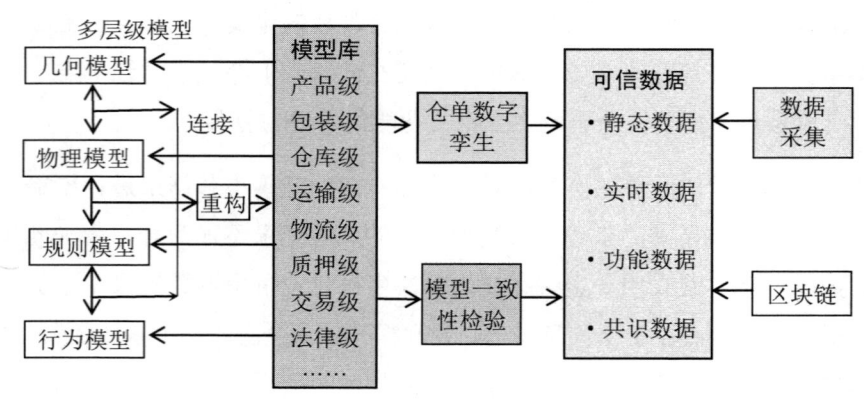

图4-6 仓单数字孪生的多层级系统建模

4.6　仓单数字孪生的功能特性

4.6.1　数据双向交互操作

尽管数据双向交互是数字孪生的关键特征，但是交互的实时性和频率取决于物理对象的特点和应用的需求，对于变化缓慢的物理对象，其实并不需要高频的实时交互。仓单系统的几何物理结构在较长的时间跨度内保持不变，在进行建模与数据采集时，只要数字空间中的模型反映了系统当前的拓扑和参数即可，无须频繁实时交互。

可信数据的最终目的是证明事实，一方面需要数据具有真实性，另一方面需要数据具有证明力，二者缺一不可，才能最终产生数字信任。在数字孪生中，上链信息质量高、参与者的协同性强，基本不存在信息传递损耗或失真的问题。通过区块链共识机制交叉验证，将法律关系嵌入到共识信息中，确保数据的可信、可证，这是区块链作为数字孪生底层架构的重要价值。

仓单数字孪生基于物联网智能设备，采用数据勾稽、大数据、人工智能、边缘计算等方法取证，取得用于记录事实的信息（源头信息），该信息的真实性（保证与源头信息完全相同）由加密算法来保证，信息的时序性由区块链指向指针来确定，时间戳记录信息产生的时间。数字信任的构造逻辑是以不可篡改、时间戳（时序性）来保证数据的真实性，使得数据的传播与存储过程都保证数据不产生变化，从而产生数字信任。

仓单法律关系具有数字化和显性化特征。仓单交易与融资的环境是异构的分布式自治组织,而且不可能推倒现有已经开发应用的商业系统来构建全新的区块链系统,所以提出以分布式身份认证、分布式应用与数据库等模式来构建分布式应用模式,形成基于区块链的协同机制,构建分布式组织结构。利用可视化技术,从仓储物、单据到仓单的数据记录与存储模式进行事实、法律关系证明,结合共识机制和可视化技术将法律关系显性化。

(1) 建模方法

① 针对几何维度,依据资产的形态、产品包装、运输包装、仓位等特征参数构建几何模型,分析结合物联网等信息技术的数据采集方法。

② 针对物理维度,依据资产的材料属性、物理参数等物理特性构建物理模型。

③ 针对行为维度,基于搬运、运输、进出库操作、仓储等行为的数据耦合、数据勾稽关系,建立刻画设备行为特征的模型。

④ 针对规则维度,构建"法律关系实体",依据质押融资的运作、仓单交易的规则建立逻辑模型,形成覆盖"几何—物理—行为—规则"多维特征的数字孪生基础模型。融资及仓单交易都具有较为复杂的运作规则,涉及较多的单据操作、流程、规则。

(2) 可信数据建模方法

① 源头数据采集原理、方法,结合双工交互模式,将场景分解为层次模型(主链、数字链、辅助链、物理链),分析直接取证和间接取证方式与证据效力。

② 分析内置/嵌入、物联网等直接取证方法，分析双工交互模式下的系统确权规则、取证原则与证据效力等；分析数据勾稽、大数据取证及人工智能等间接证据取证方法。

③ 分析达到特定化要求的数据采集形式、流程、方法。

④ 分析分布式账本形成可信数据的记账方法。

（3）联盟链共识机制，考虑以下因素来设计共识机制。

① 合规监管，设计一个超级权限节点来对联盟内所有节点、数据流进行全程监管。

② 性能效率，在一定交易频率下达成共享确认的效率。

③ 业务适应性，共享机制对业务特殊性的适应程度。

④ 可靠性、安全性、防攻击，性能效应。

4.6.2 多维度的功能特性

依据系统分析方法，需要从多个维度来分析仓单数字孪生的功能结构，具体如下。

（1）整体功能，与银行需求密切相关，仓单数字孪生在支撑银行日常运作需求的同时，将仓单融资相对分散的工作协调统一起来。

（2）时间维度，依据贷前、贷中、贷后风险管理的要求，为解决银行的信息不对称、搜寻成本等根源性问题提供支持。

（3）系统成熟程度，不断升级物理对象与虚拟模型的映射关系，包括数化、互动、先知、先觉和共生共智五个阶段。

（4）数据交互机制，通过虚拟实体来感知物理物体（仓储物）的实况信息，模拟仿真物理实体的整个生命周期的运作流程，实时分析预测并反馈建议。

（5）流程再造，建立资产从产生、流通、质押的闭环体系，推动仓单融资的全面应用。

4.6.3 "特定化"机制

在法律关系中，特定化是仓单融资最关键、独特的功能机制。实践中质押纠纷多集中在质押权是否生效的问题，其关键的判定依据是"质物的特定化"。法学理论指出，物权具有"对世性"，且必须实现特定化才能达到质权设立（即质押权成立）的标准。什么是动产质押物的特定化？《最高人民法院关于审理买卖合同纠纷案件适用法律问题的解释》第十四条中对货物的特定化给出相应规定"当事人对风险负担没有约定，标的物为种类物，出卖人未以装运单据、加盖标记、通知买受人等可识别的方式清楚地将标的物特定于买卖合同，买受人主张不负担标的物毁损、灭失的风险的，人民法院应予支持。"这一规定实际上隐含了特定化的内涵：质权人应将设置质押的动产通过一系列的人为安排，使之明显区别于其他财产，并与质押合同紧密联系，即需要研究什么样的安排可以达到事实证明的目的。

如何实现特定化？特定化需要设立明确的物理标识。在仓库管理中，应当对质押物进行单独的管理，设立独立标志。标识一定要清晰，若质押物标识不清，则达不到特定化的效果。特定化是动态的，随着合同约定的变化而变化。使用物联网可以更有效地标定质物的特定化，射频自动识别与质物在物理上的结合，可以有效地监管质物。

（1）仓单数字孪生的系统建模。区块链的可信数据与数字孪生融合，通过物联网等技术采集的数据，结合仓单的运作规则，添加法律关系、约束关系等，按关联关系组装，形成系统级仓单数字孪生模型，从而全面地反映几何、物理、物权溯源、融资、交易等各领域特征，实现对仓单数字孪生模型的精准刻画。

（2）预测、仿真功能机制。仓单数字孪生可反映企业实时的经营水平和仓单交易状态，银行捕捉与接收动态信息，以准确判断借款人的日常经营状况、实际资金需求与还款预期。依据仓单数据的全流程状态、全生命周期特点，分析质押融资的完整性与闭合性，提出放贷后的道德风险预警与防范机制。利用数字变体预测功能实时反映资产的状况（环境、生命周期和配置），同时利用小数据精确评估资产状况、预测借款人的未来行为，对质押资产进行精细化控制或优化风险控制策略，以提高运营效率、优化流程，在问题发生之前发现问题，并做出实时的有效控制。

（3）质物特定化与质权生效的证明。针对质物特定化的动态性，实现特定化的数据满足双向交互操作的要求。质权生效的法律要件，符合仓单融资的交易结构，以及质权生效的证据链闭合的原理。

（4）仓单数字孪生的成熟度。在数化、互动、先知、先觉和共生共智的成熟度基础上，对仓单数字孪生成熟度进行评价，建立从部分到整体、从单项功能到复杂功能的多层次指标体系，以及建立数字孪生的成熟度评价模型。

4.7 智能风险控制机制

4.7.1 风险管理的思路

通过虚实平行互动开辟新空间、新资源是智能产业的本质。智能风险管理依据数据智能的方法来进行构建：数据是生成智能的原材料，由小数据生成大数据，再从大数据中提炼出针对特定场景、特定问题的精准知识，即"小数据-大数据-深智能"模式。对于仓单数字孪生的智能风险管理，以仓单数字孪生为平行场景，"虚体"与"实体"双向实时交互并形成闭环反馈。

"双向交互与协同"是数字孪生的关键功能，且体现出"小数据-大数据-深智能"的模式特征。数字孪生的目标是观察、预测与控制系统的变化，建立和现实世界对应的数字镜像，严格按照时序关系来记录过去的信息，预测与模拟未来的系统变化，从而再影响与控制物理实体本身的变化，形成一种虚拟与真实相结合的新型"生态系统"，这完全突破了仿真系统的单向模仿功能。虚拟实体通过传感器数据，实时监测物理实体的运行状态，并反映给虚拟系统，形成一一对应的动态映射，再在虚拟空间通过模型进行计算，以仿真验证控制所能产生的效果，根据预先设定的条件对物理系统的真实过程进行控制与操作。仓单数字孪生双向交互与协同包括"物理—物理""虚拟—虚拟""物理—虚拟"等形式，涵盖人、机、物、环境等多种要素，其中"物理—物理"交互与协同是物理设备之间相互通信、协调与协作，以完成传统控制方法无法完成的控制任务，克服传统控制方法中单向、不连续、不实时的缺点；"物理—虚拟"交互与协同是虚拟模型与物理对象同步变化，并使物理对象可以根据虚拟模型的直接命令进行动态调整。

目前关于数字孪生深层次交互与协同方面的研究比较少，仅在实时数据采集、人机交互等理论上有部分研究。本书结合"物理融合、模型融合、数据融合、服务融合"四个维度的融合框架，提出基于交互与协同的数字孪生智能风险管理研究框架，如图4-7所示。

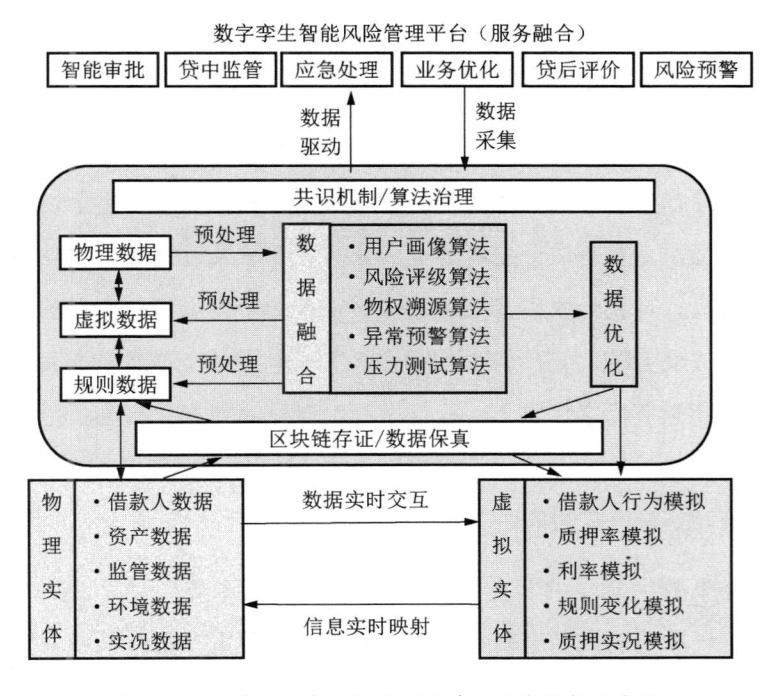

图4-7　仓单数字孪生智能风险管理研究框架示意图

4.7.2 平行风险控制

图灵奖获得者、Pascal 之父 Nicklaus Wirth 提出著名公式：程序=算法+数据结构。对于具体业务来说，算法就是资源的分配或处理规则，也是一种相对固定不变的逻辑。若将算法称为智能，则以上公式可更改为：智能业务=算法+数据。

在算法治理中，算法是利益分配的裁决者，而且算法既是规则、也是执行，具有双重的意义。算法的运行具有高度专业性和客观程序性，以及极强的工具理性特征。

算法执行的内容是利益关系的处理、利益的分配，按共识规则来对主体行为进行约束或激励。算法决策具有专业性、复杂性和动态性特征，主要完成优先级配置、分类、关联及过滤等多项功能。算法在执行时完全由机器控制，排除了人的干扰。虚拟空间的治理通过算法来实现。算法治理是将治理的规则、条件、逻辑提炼后"固化"在计算机程序代码上，执行过程中仅接收数据并自动执行，人工完全不能对执行干预。算法治理大幅提升执行效率，排除干扰的执行可以获得更高的信任，即所谓"机器信任"。

仓单数字孪生的智能风险管理本质上是依据算法治理来实现的。对于风险的控制逻辑，可表达为"可信数据—条件判断—算法裁决—自动执行/强制性"，如图 4-8 所示。

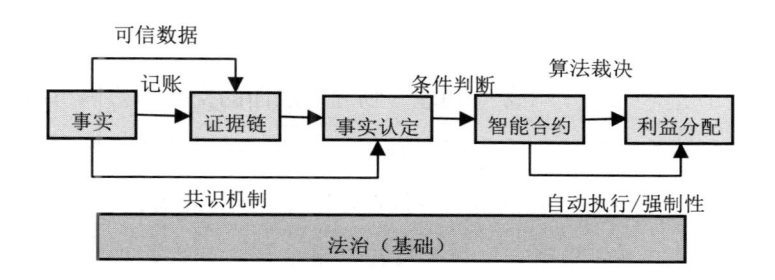

图 4-8 风险控制逻辑示意图

基于区块链构建可信数据可以证明文件或通信的存在性、完整性和所有权，以数据加密、共识机制、共享账本机制等在数字孪生中产生不可篡改的客观真实性，通过区块链进行数字取证、存证机制，有效弥补传统取证与事实证明机制的不足，对风险管理起到一定的作用。

法治是所有治理形式的基础。传统司法裁决的逻辑是"证据—事实认定—裁决—执行"，智能合约架构基于区块链 2.0，采用算法和智能合约来替代（或部分替代）中心化的司法功能，实现利益共同体的公平机制（包括程序、结果公平、事实公平），本质是依据法治精神，以事实认定为根本，重视证据对事实认定的决定性作用，以技术治理机制实现获取证据、认定事实、依法裁决等过程，最终实现利益的裁决与分配等。智能合约是算法治理在分布式账本中的实现。智能合约以程式化和条件判断执行相关操作，可以处理权益的交换、资产的转移、债权关系等。智能合约的优点是可保证执行程序的公正，缺点是不能处理复杂对象、复杂流程，难以适应现实世界的复杂性。

(1) 系统功能交互与融合

① 物理融合研究（即"物理－物理"层面的交互与协同机制研究）。物理融合基于物联网智能互联协议实现系统异构要素的智能感知与互联，并精准控制资产在质押环境下系统异构资源的行为协同，分析智能感知与互联技术、数据传输与融合技术、人脸识别、边缘计算功能的终端设备（如智能摄像头）等要素之间的交互与协同模式、原理。

② 模型融合。虚拟实体映射模型的构建、评估与验证、关联与映射、融合等。

③ 数据融合。对实时数据、模型数据、仿真数据等的挖掘方法、刻画系统运行状态等动态演化过程和规律。

④ 服务融合。数据融合与风险控制交互与协同，以数据驱动对物理实体和虚拟实体的运行机制，为系统的智能管理和精准管控提供决策支持。

(2) 智能风险控制机制

① 事实认定，是典型风险事件的法理逻辑，表达事实认定的证据结构。

② 证据链机制，是事实认定的法理逻辑，有系统确权、双工交互、嵌入取证、物联网取证等方式，也包括机器计算的取证模式，以及数据勾稽、大数据取证、人工智能取证、边缘计算取证模式等。

③ 智能合约机制，通过分析智能合约的法学原理来分析智能合约的运作模式、交易条件与适用性。

④ 平行控制机制，分析自动执行模式下的关键风险因素，通过数据双向交互操作，形成全面观察、可主动控制、可精确预测的平行系统控制机制。

4.8 小结

动产质押从早期的物流银行概念发展到今天的数字供应链金融等概念，其核心思想是利用信息技术来缓解信息不对称问题、降低操作成本、提升风险管理的智能化水平。

数字孪生是产业数字化进程中的又一个新阶段。在我国大宗商品仓单质押融资的实践中，已经出现"数字孪生+仓单"的思路，但尚未构建"仓单数字孪生"理论体系。基于可信数据来构建仓单数字孪生，是数字孪生映射法律关系和数据交互的基础。构建数字孪生的可信数据由三类数据/信息构成：基于智能技术直接采集的数据，由共识机制形成共识信息，由机器的计算产生取证数据。

仓单具有资产、金融和交易等经济属性，这些属性都建立在法律关系的基础之上。由于"物理－虚拟"之间具有高度的相似性并由可信数据连接，从而解决仓单融资中最关键的信息不对称等问题。仓单数字孪生概念模型主要是由物理实体、虚拟实体、数字孪生平台与孪生数据所组成的。

构建仓单数字孪生系统的目的是充分利用物理实体的数据采集功能，将大量的真实信息镜像到虚拟实体，利用虚拟实体模型对物理实体的行为进行预测，并将预测信息反馈给物理实体。

仓单具有丰富的法律关系内涵，这一特征也决定了银行在仓单融资中存在"信息对称需求"，且这一需求是刚性的、基础性的，也是银行放贷的前提条件。法律关系作为仓单的核心内涵，也是构建数字孪生的核心规则。在法律关系中，特定化是仓单融资最关键、独特的功能机制。

智能风险管理依据数据智能的方法来进行构建：数据是生成智能的原材料，由小数据生成大数据，再从大数据中提炼出针对特定场景、特定问题的精准知识，即"小数据-大数据-深智能"模式。

第 5 章　数字供应链金融产业实践

5.1　"平台+银行"的产业数字金融创新模式

1. 产融结合概述

产业是指随着社会分工的产生和生产力的不断发展而产生的集合，由同类属性的企业经济活动所组成，虽然这些行业的经营模式和流通环节不尽相同，但经营对象和范围的展开都围绕着共同的产品，并且能够在各个行业组成的业态内部完成自身的循环。产业金融即产业和金融，简称为产融，推动产融结合发展的本质是金融为实体经济提供资金支持，推动实体经济的增长。实体经济能够为人类提供基本生活资料，提高人们的生活水平，是人们赖以生存和发展的社会基础。

产融结合是通过资源、资产、知识产权和未来价值的资本化来实现的，资本化的过程促进产业和金融互动发展，从而实现价值提升。传统金融服务具有标准化的特征，不具备定制化服务能力，与产业场景很难完全融合。产业和金融之间存在明显的"鸿沟"，原因主要体现在以下几个方面。

（1）金融服务的标准化与产业多样性之间的矛盾。金融机构的金融产品和服务相对抽象，而产业又极具个性化，导致金融服务无法很好地满足所有产业的场景需求。

（2）产业和金融之间缺乏联系的纽带。由于信息的不对称，金融机构无法及时全面地掌握产业的实际数据，无法提供与产业特点适配的金融服务，导致金融机构难以精准服务于产业。

（3）产业期望金融机构提供更多的非金融服务。随着产业的不断发展，产业对金融的需求越来越高，传统的金融服务已经不能完全满足产业对金融的需求。同时，产业也期望金融机构利用自身资源提供种类更多、成本更低、服务更便捷的非金融服务。

2. 产业数字金融

产业金融和产业数字化，是我国产业转型升级的两大有力支撑。产业数字化是指在新一代数字技术的引领下，以数据为关键要素，以价值释放为核心，以数据赋能为主线，对垂直产业的产业链和内部的价值链进行重塑和改造的过程。在产业发展过程中，要求数字技术与数字金融紧密融合，从而对金融服务提出了更高要求，大力发展产业数字金融势在必行。

近年来，供应链金融成为产业数字金融的典型代表，其在数字技术与金融业的深度融合中发展起来，涉及范围更广，服务对象更全面。供应链金融可为产业带来更优质的金融服务，并优化金融市场结构，提高资金利用率，进而服务于实体企业，为创新发展提供融资新途径。供应链金融一方面借助数字技术优化金融市场结构，加快信息流通速度，降低融资约束，提高融资效率，为高技术产业的创新发展提供更多支撑；另一方面，能够引导资金流向，优化资源配置，推动产业升级。

3. 发展金融科技是产业数字金融创新的关键

相比于消费金融，产业金融的资金需求体量更大、融资需求更复杂、痛点问题更多、对国民生产和社会发展提供的价值更大。发展产业数字金融，迫切需要金融机构开展数字化的金融服务，提升金融服务供给能力和服务效率。

中国银行保险监督管理委员会办公厅发布的《关于银行业保险业数字化转型的指导意见》中指出，"积极发展产业数字金融。积极支持国家重大区域战略、战略性新兴产业、先进制造业和新型基础设施建设，打造数字化的产业金融服务平台，围绕重大项目、重点企业和重要产业链，加强场景聚合、生态对接，实现'一站式'金融服务"。金融科技在产业和金融之间搭建了一座"桥梁"，让产业和金融紧密联系，助力金融机构在产业金融数字化的道路上不断探索和实践。

4. 金融科技平台是产业数字金融的关键

金融科技平台连通中小企业、政府、核心企业、金融机构等，形成合作共赢的生态圈，开展产业数字金融业务（包括信贷、支付结算等综合类的金融业务）。

金融科技平台通过应用数字化技术实现底层数据交互的可信化和业务流程的自治化，以及控制业务背景的真实性和风险管理的智能化。金融科技平台还包含金融服务功能，提供各类金融创新产品，利用金融科技形成场景数字化构造能力，提升数字化金融的服务能力。

场景是数字金融的关键和着力点，采用数字化来构造场景金融，为个性化的融资需求提供可信数据管理能力和风险控制方案，并接入各类金融服务，为各类个性化的场景提供金融服务。可见，场景金融是金融服务发展到一定阶段、由新一代信息技术驱动的产物，是产业导入金融服务的重要模式。

5.2 场景导向的智能化金融科技平台

5.2.1 案例——微分格

本节以北京微分格科技有限公司（以下简称微分格）作为案例进行分析。微分格是一家以数字科技为核心的技术开发公司，致力于成为数字信用科技的引领者，业务聚集于数字信用技术研发与应用，构建基于新一代数字化技术资产监管与双碳智能服务平台，帮助金融机构解决资产的智能感知、资产监管、资产交易等环节的关键问题与痛点问题，以资产数字化深耕数字资产流通创新领域。微分格智能化金融科技发展思路如图 5-1 所示。

微分格重点打造以下四类应用场景。

（1）**存货（仓单）监管**：实现技术控货、仓储监管、货物监管、风控规则、仓单评价、工单督导、仓单全生命周期管理，以及仓单融资等，提升存货数字化监管水平。

（2）**绿色（双碳）金融监管**：实现绿色产品、绿色工厂、绿色园区、绿色供应链等绿色监管，构建绿色数据融合能力，完善绿色指标库，实现绿色信用，助力绿色金融模式创新。

（3）**租赁融资监管**：实现租赁资产数字化、租赁物接入、租赁物监管、风控规则、事件告警、工单服务、GIS 视图、综合 Dashboard、资产处置等，提高资产数字化运营水平。

（4）**数字化（动产）监管**：为煤炭、油品、钢材、铝锭、医疗设备、工业品、农产品、生物资产等各类动产提供动产监管、计量、估值、VR/AR/MR 等服务，实现动产的数字化监管。

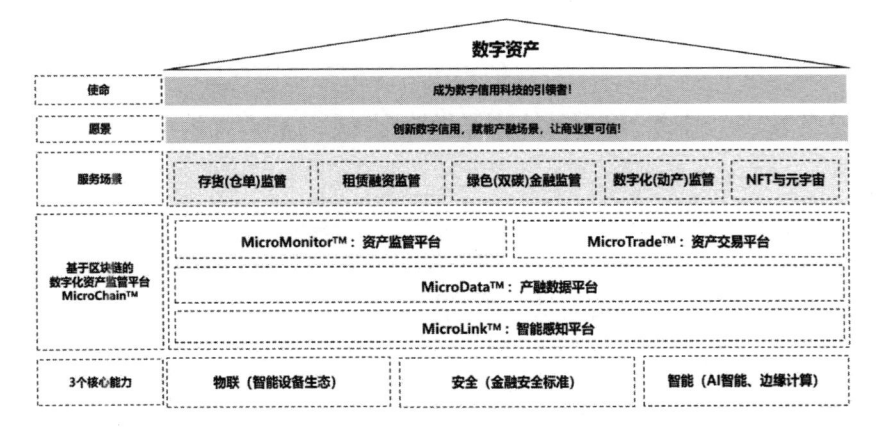

图 5-1 微分格数智化金融科技发展思路示意图

以上四类应用场景分别针对不同的细分市场，微分格提供的产品如下。

（1）智能感知平台产品：实现"芯片+安全+AI 智能"的数字感知服务能力。

（2）产融数据平台产品：实现"产业+双碳+金融"的多源数据融合，提供数据采集、海量存储、离线分析、接口发布等功能。

（3）资产监管平台产品：实现"物理空间+信息空间"的双向数据验证，提供双碳资产数字化管理、风险预警、工单督导等。

（4）资产交易平台产品：实现双碳数字资产在线交易，提供资产确权、资产公示、资产估值、资产交易、交易结算等服务。

微分格公司的产品功能与服务是围绕"物联"和"智能"两大核心能力来构造的。在"物联"方面，通过串联80多个设备服务商，形成覆盖资产标识、资产定位、资产计量、资产安防、资产巡检、边缘计算、环境检测等全面的服务，并构建全国性服务网络，实现设备安装、调试，维修与抢修等服务的信息化和数字化。在"智能"方面，逐步推进智能化水平，深化边缘计算、AI智能等服务，实现价格预测、目标识别、数量识别等智能化服务功能。

5.2.2 供应链产品与服务的设计

1. 产品设计理念

微分格通过物联网技术对资产实体的感知，实现智能化感知识别、全流程追踪管理、标准化监管与作业，增强金融风控能力，进行商业模式创新。

对实体资产的智能感知包括从静态到动态、从定点到全流程追踪，以及标准化质押监管系统，为资产数字化提供技术支撑；风控的创新包括大量采用智能设备替代人工操作，以及从被动管理向主动管理转变，实现物信融合（即智能物联网与信息网融合）和融合数据治理，同时提供融合数据服务。

微分格探索数字资产应用场景的产品设计理念如图 5-2 所示。

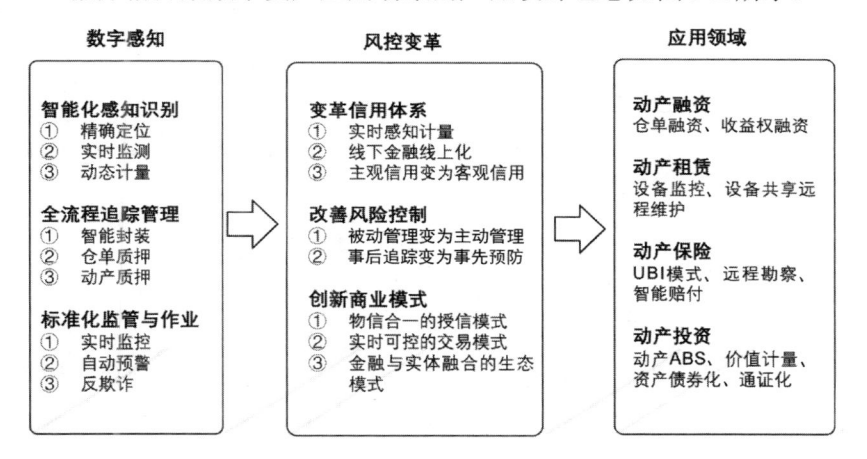

数字感知
智能化感知识别
① 精确定位
② 实时监测
③ 动态计量

全流程追踪管理
① 智能封装
② 仓单质押
③ 动产质押

标准化监管与作业
① 实时监控
② 自动预警
③ 反欺诈

风控变革
变革信用体系
① 实时感知计量
② 线下金融线上化
③ 主观信用变为客观信用

改善风险控制
① 被动管理变为主动管理
② 事后追踪变为事先预防

创新商业模式
① 物信合一的授信模式
② 实时可控的交易模式
③ 金融与实体融合的生态模式

应用领域
动产融资
仓单融资、收益权融资

动产租赁
设备监控、设备共享远程维护

动产保险
UBI模式、远程勘察、智能赔付

动产投资
动产ABS、价值计量、资产债券化、通证化

图 5-2 微分格产品设计理念示意图

2. 以应用场景为核心的整体解决方案

产品体系包括智能感知平台、产融数据平台、资产监管平台和资产交易平台以及存货（仓单）监管、绿色双碳、租赁监管、数字化监管 4 个应用场景，为客户提供资产智能感知、资产监管、资产交易等方案，打造功能完整的数字化资产服务平台。应用场景构建原理如图 5-3 所示。

在底层的智能感知平台上形成产融数据平台，结合资产监管平台和资产交易平台，形成层次化的全面资产管理服务，最终形成以下 4 大应用场景。

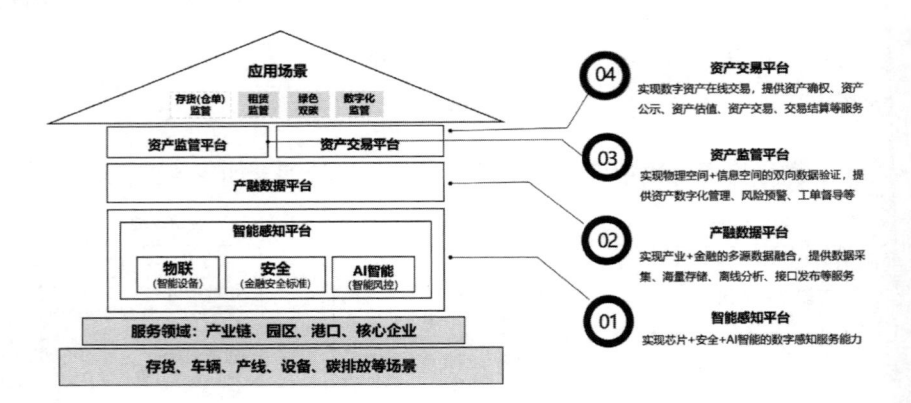

图 5-3　应用场景构建原理

（1）存货（仓单）监管场景

基于物联网、区块链、人工智能技术，打造金融监管仓，构建存货（仓单）监管平台，实现对存货（仓单）的实时风控与工单督导，保证货单的一致性。

（2）绿色双碳金融监管场景

基于区块链、物联网、人工智能、大数据等技术，帮助客户解决"产业+双碳+金融资产"的智能感知、资产监管、资产交易，打造双碳资产的数字化服务能力，精准服务绿色供应链产业链，并使其完整稳定，满足绿色产业链生态圈各类主体融资需求，促进银行、保险的数字化转型，提高金融普惠度。

（3）租赁监管场景

实现租赁物数据融合、租赁物信息管理、租赁物过程管理，以及租赁物分场景日常监测、风控告警、工单督导等能力，构建统一的租赁物管理平台。

（4）数字化监管场景

基于物联网、区块链、人工智能技术对动产进行数字化监管，实现动产的跟踪定位、告警预警和工单督导，以助力动产融资，创新物联网金融模式。

3. 平台架构

产品以平台的方式提供服务，平台的结构自下而上包括设备接入层、边缘系统层、智能感知层、资产数据层、资产监管层、展示层以及应用层。

4. 应用部署逻辑

平台支持私有化部署、公有化部署和混合部署三种模式，主要的部署逻辑是基于物联网架构部署，需要通过边缘计算网关，实现线下的智能设备互联互通，以及线上系统的 SaaS 服务能力，为 PC 端、大屏端、移动端等提供全面服务。

5. 技术融合与创新

微分格致力于发展多技术融合创新，利用不同的先进技术，结合各种金融应用场景，提升数字信用和智能风控的服务能力，实现高安全性、轻量级、可快速应用、高性价比的技术应用体系。微分格核心技术主要涉及以下六大领域。

（1）AI 硬件与物联网技术，包括物联芯片、AI 边缘设备、AI 智能设备，形成产品构建、产品万物互联的能力。

（2）产融大数据技术：融合产业与金融数据，实现数据感知、建模与交易，构建产品的大数据应用能力。

（3）智能风控技术：基于 ORC、图像识别、智能预测技术，构建产品的智能风控能力。

（4）数据信用技术：基于感知数据，融合虚拟信用与物理信用，构建产品的信用孪生能力。

（5）区块链可信技术：感知数据上链、数据存证与确权、智能合约，构建产品的价值互联网能力。

（6）北斗定位与遥感技术：北斗定位、卫星遥感预测、数字化 GIS 标识确权，构建产品的空间数字能力。

5.2.3　产品与服务的技术特点

产品与服务是构造在技术的应用功能基础之上的，主要包括以下方面。

1. 平台 SaaS 化

构建新一代数字化资产监管服务平台，支撑资产数字化、资产智能风控、资产智能交易，以及双碳评估与分析技术。从底层的物联网技术开始，依次构建资产感知平台、区块链存证平台、数字监管平台，最终形成数字化资产监管服务平台。

数字化资产监管服务平台采用 SaaS 快捷简易部署方式，用户可开箱即用（无须下载、无须安装、无须维护），可按使用次数、使用人数、使用时间、处理的数据量等方式收费，支撑多种移动处理，极大地降低了用户和金融机构的实施成本和风险。

2. 资产智联化：智能感知平台

智能感知平台架构在物联网的基础上，模拟人类视觉的感知能力，为传感器、无人车、机器视觉、闸门、起重机等自主智能平台提供感知算法的验证工作。对监管空间中的非合作目标进行识别验证，对异常信号源进行检测、跟踪、分割及识别等；对多源传感器进行融合验证，验证激光雷达、摄像头、GPS、物流设备等传感器数据，从而实现智能预警和实时报警；对无人系统进行协同感知验证，提高目标感知的准确性。

3. 资产数字化：数字监管平台

资产数字化是将现实存在的各种实物或非实物资产进行数字化标识，使资产在网络空间也具备线下各种属性，如权属、流通等。为实现数字化形式资产的高信任，平台采用不受人为因素控制的去中心化架构，资产在生命周期内实现的每笔交易记录都可追溯和提供完整的存证支助。资产信息公开透明，价格明确，防止暗箱操作。

4. 资产可视化：资产风控大屏

基于数据治理的理念来构建可视化的风控方案，形成智能化、自动化的风控技术。资产监控大屏以其轻量、高效、快速、便宜的方式让机器做事。通过智能风控大屏，实现机器和人交互合作，让人将注意力集中在关键环节，无须系统改造融合，直接使用人机界面来处理业务和数据即可。

主要功能包括：基于事先配置的规则进行匹配执行；模拟键盘、鼠标操作，从各类系统界面中抓取数据、过滤数据；依照预先制定的规则，自动触发文件处理流程；按计划定期定时执行；跨系统自动输入，同步各类数据、内容取值；在既定条件下触发自动化；回答经常需要重复回答的问题。

5. 资产移动化：资产监管 APP

资产管理与风控是企业经营的重点，平台的风控管理采用移动办公方式，实现对风控的评估、应对、持续优化等要求。从前线业务端到全过程审批流程，再到企业风险预警机制的建立，打造严密有效的风控环线。通过对风险信息收集、风险识别与评估、风险应对、风险报告和风险预警机制等环节的优化，实现办公系统和风控管理的可视化、流程化、自动化、智能化。

5.3 存货（仓单）融资智能化应用与创新分析

近年来关于存货（仓单）融资的风险案件频发，让很多金融机构望而生畏，痛点主要集中在评估难、监管难、数据难、确权难、处置难、标准难六个方面。如何通过科技赋能重构存货数字信用，保证存货的真实性、透明性、可溯源性，提高存货数字信用与智能风控水平，扩大存货（仓单）融资比例，解决金融机构对货物融资率低、坏账率高等一系列问题，变得尤为突出。

科技是解决存货（仓单）融资的关键钥匙，本节将全面阐述如何运用科技手段，赋能仓单数字信用与风控建设，实现存货（仓单）融资的全流程可视化、数字化、标准化监管，推动存货仓单化和仓单电子化，逐步建立健全存货（仓单）融资服务体系，加速全国性可流转仓单体系建设。

5.3.1 智能技术应用与服务创新

基于物联网、区块链、大数据和人工智能等新一代智能技术，构建客观、实时、可信的仓单数字信用，实现仓单的全方位的物联感知、多维度画像和智能风控。

（1）物联网是万物互联技术，有助于实现物联世界与信息世界的融合，构建"物信合一"的客观信用模式。通过物联网技术，融合北斗与5G技术，实现"人、货、工具、环境"等的全方位感知，提升货物的感知能力与风控水平。

（2）区块链是信任技术、连接技术与生态技术，有助于实现数字信任，连接交易各方并快速形成互信，加速仓单体系生态建设。数字信用包括交易主体、交易数据、货物监控、货物巡检、运营日报等各维度数据，通过区块链技术，可实现数字信用的分布式记账、智能合约，提升可流转仓单体系的信任水平，加速数字信用构建。

（3）大数据是数据融合技术，实现各维度、各空间、内外部数据的融合，实现贸易链的真实性、透明性、可溯源性，有助于构建贸易链、资金链、物流链，提升数据资产价值。

（4）人工智能是智能风控手段，可通过人工智能技术，实现人脸识别、货物识别、工具识别，以及智能预警、智能巡检等各类反欺诈服务。

5.3.2 需求的实现与升级

在技术控货平台实现过程中，可以根据实际情况酌情应用成熟技术，通过试点示范的方式，逐步实现技术与业务的迭代，平衡技术升级与风险控制，保证平台的实用性、经济性、可扩展性和先进性。

1. 如何构建仓单数字信用

仓单数字信用是存货（仓单）融资的基础，既包括物理空间的真实货物感知，又包括信息空间的虚拟数字感知，通过融合物理空间与信息空间，构建真实、可信的数字信用。

（1）基于物联网技术实现物理空间的感知，主要指货物的智能化感知，包括货物识别、货物评估、货物定位、实时监测等；货物的全流程追踪管理，包括智能封装、智能物流、存货巡检、动态出入库等。

（2）基于大数据技术实现信息空间的感知，主要指：集成仓库管理系统，包括存货信息、出入库信息；外部征信，包括交易主体的舆情信息；第三方价格系统，即货物的实时价格信息；第三方处置系统，保证信息空间的完整性、关联性。

（3）通过大数据与区块链技术，融合物理空间与信息空间数据，构建"物信合一"的数字信用。

2. 如何构建仓单智能风控

基于物联网、区块链、大数据和人工智能技术，围绕存货（仓单）融资痛点，逐步探索和创新解决方案，将被动管理改为主动管理、事后追踪改为事先预防，实现自动预警、智能巡检、反欺诈等。

（1）评估难的问题，通过 AI 摄像头、数量测量仪、扫描仪、飞行器成像仪等，实现货物重量评估、质量评估、甄别中空、夹带等现象。

（2）监管难的问题，通过 AI 摄像头、电子围栏、电子巡更、电子信标等手段，实现对"人、货、工具、环境"的实时监管，包括对人的定位、货物的监控、车辆与工具的识别、内外部环境的监控。

（3）数据难的问题，通过大数据技术，融合物联感知数据与内外部信息系统数据，构建"物信合一"的数字信用，形成"信用双胞胎"映射关系，实现数据的实时性、真实性、关联性。

（4）确权难的问题，通过区块链技术，以及统一仓单登记平台，实现物理仓单数据上链，电子仓单数据上链，解决确权问题。

（5）处置难的问题，对接统一仓单登记平台、内部处置系统、第三方 B2B 贸易平台，实现对货物的快速处置。

（6）提出标准难的问题，逐步完善仓库准入标准、存货监管标准、仓单流转标准，实现存货（仓单）融资的准入、作业与流转规范。

3. 如何实现线上与线下存货（仓单）监管、画像和交易

通过在标准仓库内部署 AI 摄像头、传感器、智能锁、UWB 定位等智能设备，完成"物理仓单"与"电子仓单"的数据同步与映射、风控策略执行、预警与风控督导，并根据各维度指标进行仓单画像和评级，实现线上与线下存货（仓单）监管、画像和交易，如图 5-4 所示。

4. 数字控货平台的核心功能

数字控货平台主要包括标准仓的智能管控、数字信用、风控督导、仓单确权四项功能。

（1）智能管控：基于物联网技术，连接标准仓内 AI 摄像头、智能锁、电子围栏、电子信标、传感器、数量检测仪等，实现标准仓的物联监测和边缘风控能力。

（2）数字信用：基于大数据和区块链技术，融合标准仓内设备数据、传感器数据、仓库管理数据及第三方系统数据，构建"物信合一"的仓单数字信用，并实现仓单信用数据上链、信用画像与评级。

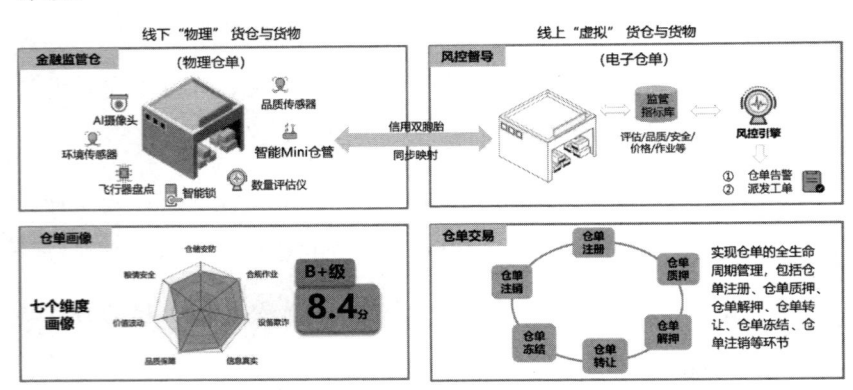

图 5-4　线上与线下存货（仓单）监管、画像和交易功能示意图

（3）风控督导：基于大数据和人工智能技术，针对不同的监管要求，实现不同的风控策略、智能预警、工单督导等。

（4）仓单确权：基于区块链技术，遵循全国可流转仓单体系，对接统一仓单登记平台，解决重复质押和虚假仓单，实现可信仓单上链、确权和交易。

5. 构建数字控货平台的四个"强化"要求

（1）强化物联网的感知价值。依据"人是不可靠的"基本假设，信用数据的构成主要基于设备感知数据，不断强化采用设备数据来形成数字信用。

（2）强化区块链的信任价值。区块链是生产关系领域的革命性技术，也是解决各参与方信任问题的技术，通过数据加密、分布式记账、智能合约等技术手段，实现数字信任、价值分配。

（3）强化人工智能的风控价值。通过人脸识别、货物识别、工具识别，以及智能预警、智能巡检等各类反欺诈服务，提高智能风控水平。

（4）强化贸易链的数据价值。逐步加强产业上下游的深度融合，借助物联网、区块链、人工智能技术，构建基于上下游的产融大数据。

5.4 存货（仓单）融资监管平台建设与运营经验

近年来，随着物联网、区块链、大数据、人工智能、北斗与5G技术的快速发展与日臻成熟，技术控货已逐步被接受和应用，各类科技创新、运营模式、仓单标准等不断丰富，微分格主张"科技思维、风控思维、运营思维"，在实践中不断完善。下面从科技平台建设、风险管控建设、平台运营规范等方面分享存货（仓单）监管平台的建设与运营经验。

近年来，各类支持仓单创新与发展的政策频出，《中华人民共和国民法典》有关仓单的法律条款得到完善，中国仓储与配送协会（简称中仓协）等行业协会在积极地推动与仓单相关标准的撰写、发布和实施，对促进仓单业务的标准化操作、行业健康发展起到促进作用。各类金融机构联合产业方，不断进行存货融资模式创新、科技创新、运营创新，我国百万亿元级的存货融资市场迎来快速发展的市场机遇。

5.4.1 金融科技平台建设

存货监管企业普遍存在数字化水平较低、科技投入有限和缺乏科技人员的问题。企业需以"科技思维"的方式做好顶层设计、迭代建设、逐步试点，根据业务发展有序推进数字化建设。一方面要积极拥抱科技，科技创新与应用是技术控货的必由之路；另一方面，要充分理解科技，分阶段、分步骤、有序进行试点创新和应用推广。

1. 业务模式

存货（仓单）业务通过对金融监管仓的数字化改造，搭建设备接入物联网系统、存货监管系统、存货融资系统，实现存货监管、存货融资等业务系统。存货（仓单）融资监管业务主流程共有四类参与者，分别为存货方、仓储方、监管方和资金方，协同完成业务全流程，图5-5为存货（仓单）业务流程。

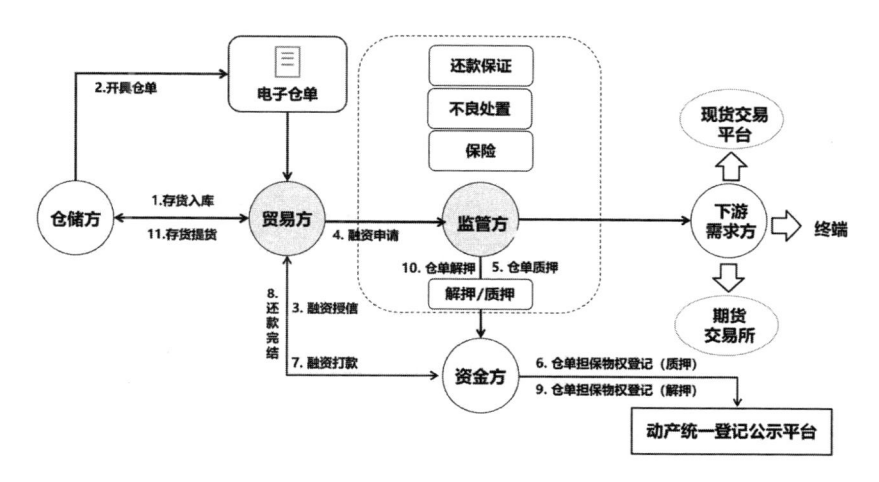

图 5-5 存货（仓单）业务流程示意图

2. 平台总体架构

微分格以接入物联网系统为基础构建存货（仓单）监管系统、存货（仓单）融资系统，并匹配智能化的展示端和移动端，实现仓储的数字化改造、智能化监管、风控督导和仓单融资，其系统总体架构如图 5-6 所示。

（1）设备接入物联网系统：基于物联网技术，提供设备管理、协议管理、AI 边缘计算、告警引擎、数据视图等服务，实现物联数据接入和边缘风控能力。

（2）存货（仓单）监管系统：基于大数据、规则引擎技术，实现云仓管理、云仓监管、风控告警预警，工单督导、作业流程监管、资产监管等服务。

（3）存货（仓单）融资系统：实现仓单授信、借款用款、资金管理、融资管理等。

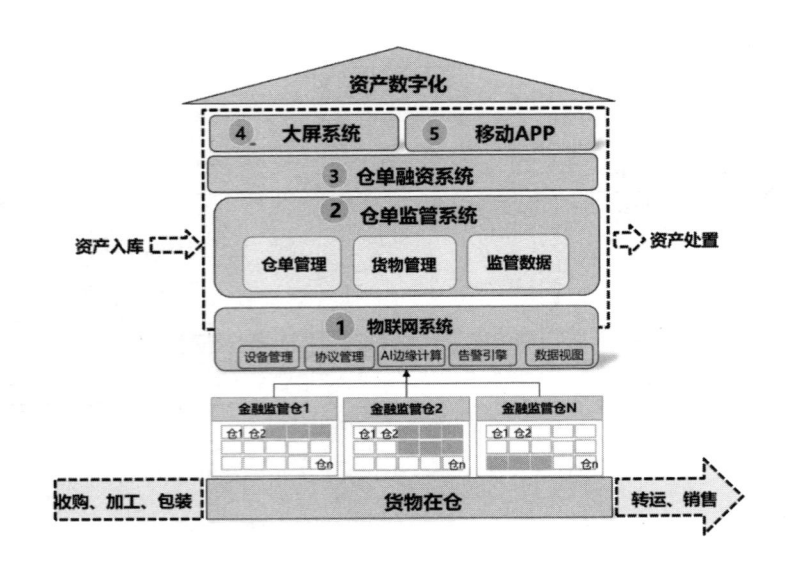

图 5-6　微分格系统总体架构示意图

（4）大屏展示系统：提供大屏数据展示能力，实现作业实时监控展示、数字仓单的风控展示等。

（5）移动小程序：提供小程序端的移动接入能力。

3. 平台功能架构

根据存货（仓单）监管要求，通过物联网技术对仓库进行改造，搭建存货（仓单）监管系统和存货（仓单）融资系统，构建存货监管大数据，实现 PC 端、大屏端、移动端的运营能力。监管平台功能架构如图 5-7 所示。

第 5 章　数字供应链金融产业实践

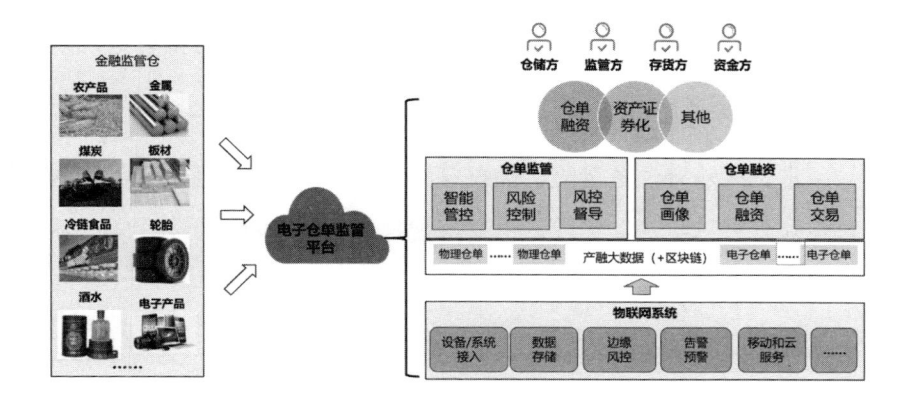

图 5-7　监管平台功能架构示意图

平台包括 PC 端、大屏端和移动端。

（1）设备接入物联网系统：实现仓库内外智能设备的互联互通，以及物联监测和边缘风控能力。

（2）存货（仓单）监管系统：实现对仓库、货物、工具、人员、关联系统的监管等，同时实现技术控货，保持货单一致。

（3）存货（仓单）融资系统：实现仓单授信、借款用款、资金管理、融资管理等。

（4）大屏展示系统：实现作业实时监控展示、数字仓单的风控展示等。

（5）移动小程序：提供微信小程序，方便资金方、资产方移动化接入等。

5.4.2　风险管理的实践与创新

团队需具备"风险思维"，与资金方、产业方一起，通过科技和运营逐步去完善风险管控体系,降低业务风险,提升融资效率。

1. 存货风险常见类型

常见风险有法务风险、确权风险、监管风险、质量风险、价格风险和处置风险等,体现为重复质押、质量评估难、价格波动大、处置成本高等问题。

2. 技术风控关键要点

基于物联网、区块链、大数据和人工智能技术,围绕存货(仓单)融资痛点,逐步探索和创新解决方案,助力存货(仓单)的高效、安全、可信质押融资。

(1)交叉验证。避免单一监控技术引起的监控盲区;通过智能视频分析 UWB 定位、GPS、智能锁等多种监控手段进行交叉验证。

(2)单货一致。数字标签与货物一一绑定;通过存货单据可以直接查看到货物标签以及库位标签等物联网设备信息;通过存货单据对底层货物进行盘点和监控,穿透式管理货物;通过对仓库进行抽查,进一步核实货物数据。

(3)不可篡改。保证仓库操作和监控记录、存货的全生命周期及融资信息上链;与资金方跨链对接,保证存货单据、货权单据、质量单据的真实性和唯一性,避免重复质押。

(4)独立监管。监控体系不依赖于仓库,数据的采集和上传独立于 WMS;资金方实时掌握第一手数据,经授权可对物联网监控系统独立发出动态监管或操作指令;基于智能合约,确保多方同步协作和货权转移。

(5) 快速处置。通过多种渠道,获取货物的市场价格信息,进行价格盯市;为货物的快速处置变现提供相关的渠道对接服务。

3. 风险处置和应对措施

风险管控是一项系统工程,采用以下方案。

(1) 法务风险应对

建立健全法务体系,仓单涉及的法务内容如下。

① 存货(仓单)业务相关法律规定汇编在《中华人民共和国民法典》,主要涉及物权编、合同编和侵权责任编等,同时还涉及金融监管类法律法规、供应链管理类法律法规、保险类法律法规等。

② 参与主体包括质权人、出质人、保管方、监管方、运营方、兜底方、技术方等。

③ 相关协议包括授信协议、借款合同、质押担保合同、质押监管协议、增信类协议、供应链类协议、保险合同等。

(2) 确权风险应对

利用区块链技术的数据不可篡改的特性,与独立的第三方仓单登记公示平台合作,完成监管全流程的权属确认。

① 从开展监管业务的仓库开始,为全国仓库建立档案和数字化标识,制作仓库"身份证"。

② 行业级风控存证系统可推动业务规范化、体系化,为存货监管提供"他证"。

③ 存货（仓单）监管项目公示+仓单信息登记，成为面向各品类的存货（仓单）信息及状态信息的登记节点。

④ 建立企业自律体系，呈现参与相关业务的各类主体企业的基本情况及其在生态中的职责、能力、资质等。

（3）监管风险应对

以金融视角将业务管理划分为贷前、贷中和贷后三个阶段，通过对仓库的数字化改造、搭建存货（仓单）融资监管平台并与存证公示平台合作，将技术与运营相结合，完成对各个风控要点的管理，保证全流程的风控监管。

（4）质量风险应对

区块链技术将收集到的货物质量证明文件进行货物质量溯源、仓储过程存证、质量信息存证，保证从采购到入库的全流程的质量管理，以及数据真实、准确、唯一、不可篡改。

（5）价格风险应对

① 价格盯市：通过与市场的行业价格渠道对接，获取货物市场价格，并与质押价格比对，预测价格走势，做好盯市管理。

② 警戒线管理：当每日价格达到警戒线时，微分格向银行、监管方、存货方发送预警。

（6）处置风险应对

① 明确责任：确定承担货物处置责任的主体，签署处置协议，明确相关参与方的责权利。

② 建立流程：制定货物处置预案，选择体系内的核心企业或第三方交易平台作为处置渠道，建立处置流程，完成处置协议签署和系统对接，引入货物保险，做好资产保值。

③ 对接系统：对接统一仓单登记平台、内部处置系统、第三方B2B交易平台，实现对货物的快速处置。

5.4.3　平台运营规范

下面从业务运营规划、存货押品选择、试点仓库选择和业务规范运营四个方面阐述如何开展仓单业务运营。

1. 业务运营规划

业务运营规划包括选择运营模式、搭建运营体系、建立风控标准、完善法务协议。

（1）选择运营模式：资金方不同的风控逻辑和金融产品，对应不同的运营模式，包括存货监管、动产质押、仓单质押、保兑仓、订单融资等。

（2）搭建运营体系：从仓单运营的整体层面搭建业务运营体系，包括产品结构、操作流程、岗位职责等。

（3）建立风控标准：根据银行的风控要求，建立仓单融资风控标准，包括动态/静态质押、权属确认、质量确认、价格监控、处置流程等。

（4）完善法务协议：一整套与仓单运营和技术匹配的法务协议，包括授信借款类协议、质押担保类协议、质押监管类协议、延展类协议等。

2. 存货押品选择

根据质押货品的基本特征，结合当地的产业特色和主要货源结构，因地制宜地选择适合的质押货品。

（1）质押货品的主要特征如下。

① 易于保管：不易损耗，易于长期保管。

② 权属清晰：所有权明确，货物为借款人所有。

③ 价格稳定：市场价格稳定，具有较强的变现能力。

④ 质量合规：质量合格并符合国家相关标准。

⑤ 安全易存：危险物品、化学品等在安全条件得不到保障的条件下不得办理质押。

⑥ 资产补偿：货物需办理财产保险，第一受益人为银行。

⑦ 合法合规：法律、行政法规禁止转让、质押的货物不得质押。

（2）常见的押品种类如下。

冻牛肉、冻羊肉等冷链产品；电解铜、铝锭、铅锭、锌锭、镍锭等有色金属；钢材等黑色金属；塑化颗粒、橡胶颗粒、化肥、水泥、咖啡等袋装货品；玉米、水稻、小麦、大豆、高粱等农产品；整车、轮胎等汽车产业；煤炭、矿石等散货；石油、成品油等液态化工品；金、银等贵金属。

3. 试点仓库选择

需要从仓库资质、管理制度、配合意愿、信息化程度、仓储货物、监管经验六个方面来选择试点仓库,具体如下。

(1)仓库资质好:体系内仓库;具备人员安全管理流程;属于国有性质仓库。

(2)管理制度规范:具备货物作业管理流程;具备单据管理流程;一般为上市公司仓库或全国性仓库。

(3)配合意愿强:开展货物监管的意愿强;管理人员配合程度高;可按照要求配合数字化改造。

(4)信息化程度高:具备仓储管理系统。

(5)仓储货物多:货物存储量在当地排名前10位的仓库。

(6)具备监管经验:开展过存货融资监管业务。

4. 业务规范运营

(1)关键业务环节。关键的业务环节包括货物入库、质押放款、还款解押、巡查盘点、风险管理。在存货(仓单)融资业务中,一定要注意众多参与主体的统筹、人力与技术的配合、线上与线下的交互,采用"技防+人防"的运营策略对仓单全生命周期进行管理,才能达到良好的效果。

(2)岗位职责设置。需建立一支岗位安排合理、职责清晰、行动落实高效的人才队伍来运营。常见岗位包括业务岗位、风控岗位、技术岗位和运营岗位四大类。

① 业务岗位:主要职责是做好市场开拓计划,承担业务经营指标,与客户洽谈、签约合作等。

② 风控岗位：主要职责是制定风险管理制度体系、工作机制、流程，参与公司业务的全过程风险控制，对公司协议的起草、审核，以及对业务的合规审查、尽调等。

③ 技术岗位：主要职责是市场调研与信息反馈，产品设计与迭代，产品研发与维护，参与供应商选定评审等。

④ 运营岗位：主要职责是保证公司各项制度之间的统一，协调其他部门保证业务高效运行，制订业务计划，目标管理与监督等。

5.5 粮食行业存货（仓单）融资智能化实践

近年来我国粮食安全问题凸显，国家不断增加粮食战略储备，新建粮食储备设施，相应配套的粮食输送系统需求随之增加，围绕粮食产业的金融需求也不断增加。

微分格结合物联网、区块链、大数据、人工智能、北斗与 5G 技术，采用数字化建模和数字孪生思想所提出的技术控货方案已成为仓单融资智能化领域领先的风险防控方案。粮食产业各类型参与者通过搭建存货（仓单）融资监管平台取得了良好的经济效益，技术创新给仓单融资带来了强大生命力。

5.5.1 行业背景

我国是全球粮食生产大国，2020 年粮食产量约占全世界粮食产量的 24%，粮食产业体量巨大。在收粮季节，粮食贸易核心客户的资金缺口巨大，需要大量的周转资金，利用粮食资产进行存货（仓单）质押融资服务，以获得流动资金，同时进行采购和存货，获取错峰收购、规模采购优惠和交易利差。

将粮食作为质押业务品种，具有以下特点。

（1）周期性：粮食供应链受农作物生长周期的影响，普遍存在春种、夏销、秋收、冬藏的特点，每年的粮食交易集中在固定的几个月，便于金融机构做资金规划。

（2）储量大：粮食是关乎国计民生的头等大事，其交易量大、存储量大、存放集中，一个仓库就可以质押几万吨，利于金融机构集中管理。

（3）价格稳：粮食产业属于国家重点保护、补贴的行业，国家实行价格调控，价格波动小，利于质押期间的货物保值。

（4）品质稳：粮食易于存储，对仓储环境要求低，不容易变质，国家有严格的品质认定标准，利于金融机构的价值评估。

（5）易处置：粮食的应用广泛，既是民生必需品，也可用作动物饲料，还能经过深加工作为工业原材料，处置渠道广，可保证金融机构的还款来源。

5.5.2 仓单融资业务痛点

微分格的粮食场景客户主要有金融机构、核心客户的供应链管理公司、第三方担保存货管理公司（监管公司）、寻求数字化转型的仓储/贸易公司。对于粮食存货（仓单）融资的监管，行业普遍存在科技研发投入少、质押基础设施差、风险管理难、数字化水平低、团队经验少、业务运营难等问题。

（1）科技研发投入少。受国内外经济大环境的影响，客户生存压力加大，加之粮食产业的利润率较低，客户大都在削减投资、节约成本，更加注重短期投资回报，对科技应用与研发相关预算趋于审慎。

（3）质押基础设施差。重点参与存货（仓单）业务的有粮食收储客户和粮食仓储客户，主要交易场景是在存储粮食的仓库中，粮食仓库建设缺少统一标准，硬件条件较差，信息化程度普遍较低，存在计量问题、品质问题、计检问题、价格问题、安全问题等。

（2）风险管理难。在粮食仓单质押场景中，参与主体众多，粮食的数量盘点、品质检测、粮权确认、粮情监测均需要专业团队管理和科技手段加持。常见风险类型有法务风险、确权风险、监管风险、质量风险、价格风险和处置风险等。

（4）数字化水平低。粮食产业的主要参与者有粮农、粮贩、粮食收储客户、粮食仓储客户、托盘公司、粮食加工客户、终端消费者。产业的运作较为传统、低端，不需要参与人员拥有较高的知识水平，产业数字化水平和数字化建设程度较低，难以符合现代金融服务业风险管理要求和信息化技术要求。

（5）团队经验少。粮食产业属于国家最基础的第一产业，传统从业者一般不具备金融、法务、科技、运营、存货监管等相关经验，很难适应存货（仓单）业务一专多能的综合能力要求。

（6）业务运营难。业务运营主要是与金融机构的对接和业务落地，包括运营模式、运营体系、风控标准、法务协议和实施方法多方面内容。

5.5.3 解决方案

针对粮食存货（仓单）融资场景的各类问题，首先，应在数字技术治理、智能风险管理和运营创新方面构建专业化能力，规划技术实施路线，做好数字平台的规划设计；其次，通过迭代、分阶段方式进行平台建设，根据业务运营要求，不断完善科技平台的数字化进程；最后，搭建风控运营体系，将运营工作逐步切换为数字化、智能化、标准化模式。

1. 平台建设

客户需以"科技思维"方式，做好数字化应用的顶层设计、迭代建设、逐步试点，根据业务发展有序推进平台的数字化建设。

通过设备接入物联网系统、仓单监管系统、仓单融资系统、展示端和移动端，实现了仓储的数字化改造、智能化监管、风控督导和仓单融资。

存货（仓单）融资监管平台建设，主要包括金融监管仓改造、仓单过程监管、风控工单督导、仓单授信融资。

2. 快速部署、试点先行

微分格存货（仓单）融资监管平台具备成本低、落地快、上线快、见效快的优点。

存货（仓单）融资监管风险一直存在，强者跟弱者的区别就是强者总是找办法降低风险甚至破除风险,而弱者一直在被动接受风险。迈出科技建设第一步很重要,应做好科技平台规划,详细过程如下。

(1) 项目咨询

根据客户粮食业务的背景情况,微分格派遣专业咨询团队与客户、金融机构共同组建项目组,召开项目会议。会议中由客户介绍业务情况和平台建设目标;金融机构提出风控要求;微分格介绍存货(仓单)监管产品的运营解决方案、系统演示,梳理客户需求,帮助客户做好科技平台的顶层设计、建设规划和运营规划,并基于客户科技投入预算做好平台建设分期,低成本搭建第一期、快速试点、逐步完善,减少科技投入压力。

(2) 平台搭建

帮助客户选择基础设施较好、配合意愿强的试点仓库,以及存储量大、符合当地产业特点的粮食品种,共同考察仓库现场,收集仓库资料(仓库平面图、仓库作业流程图、仓库现场照片、仓库现有硬件设备清单等),与客户一起对接金融机构、结合金融机构的风控要求、共同设计技术控货的风控方案,在充分考量风控方案、改造成本、施工要求后出具仓库改造方案,指导客户完成金融监管仓改造。同步搭建数字化平台,实现软件平台和硬件设备的对接、实物资产到数字资产的转化,满足金融机构的监管要求和客户数字化升级需要。

(3) 业务试点

在改造好的金融监管仓内,选择合作时间较长、配合意愿强的存货方,初期可以使用自有资金做试点、打样,完成业务闭环。微分格可以帮助客户完成金融机构的业务审计和技术审计,推动金融机构先小批量开展业务、打磨模式,再总结经验、锻炼团队,逐步扩大规模。

(4)项目总结

在项目开展一段时间后,召开项目回顾与总结会议,总结项目经验和教训,解决业务中遇到的问题,强化团队能力,夯实基础,为下一步发展做好准备。

(5)成果转化

帮助客户共建粮食仓单标准、申请高新技术资质、申报科技成果,确立客户在行业的领先地位,建立技术壁垒。抢先入局粮食产业存货(仓单)融资监管业务,等待市场回暖,逐步布局。

5.5.4 应用案例

玉米、水稻、小麦、大豆、小米、高粱等粮食的收储过程,包括扦样、质检、过称、烘干、存储、温湿度监控、蒸熏消杀等多个环节,应用方案如下。

1. 金融监管仓改造

根据金融机构的风控要求和客户自身管理要求,结合改造难度、试点效果和改造成本,金融监管仓改造方案如下。

(1)硬件架构设计

基于智能摄像头、激光扫描仪、智能锁、单据 OCR 识别、地磅秤、粮权牌识别、智能叉车、温湿度传感器等智能设备进行仓库改造，融合多系统、多设备数据，实现"人、货、库"目标识别、重量统计、数量统计、库位统计、进出库统计。

（2）粮堆数量测控

采用脉冲激光测距传感器，对粮食表面进行精确测距。使用激光传感器对粮食表面做三维网格扫描，得到 N 个扫描点的距离信息、角度信息，可以计算出准确的粮仓库容和粮堆体积。动态储备粮数据误差率控制在 8% 以内，静态散装粮误差率控制在 3% 以内。

云台执行水平运行和垂直运行，带动激光传感器对粮食表面做三维网格扫描，得到 N 个扫描点的距离信息，同步获得角度信息，通过计算得到各扫描点的高度数据；处理各点坐标及数据，可以计算出准确的粮仓库容；通过对输出点进行云计算得到粮堆的曲面图。粮堆数量测控方案示意图如图 5-8 所示。

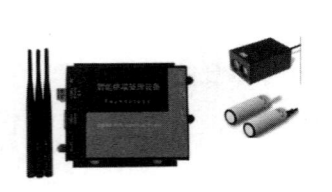

图 5-8 粮堆数量测控方案示意图

智能终端处理设备汇聚采集的各个粮仓的动态传感数据，并实时动态进行高度数据减噪处理、实时计算粮堆面积、实时计算粮堆体积、实时计算粮食数量，按照预设业务规则动态判断预警信息，将数据传输至智能监管系统。

（3）进出单据管理

结合现有仓库管理（WMS）的出入库单证、质检单、磅单等业务单证，通过人工智能图像识别技术，直接读取单证业务要素数据。

（4）进出库数量管理

在运输车辆进出仓库需要通过地磅称重的环节，与称重系统对接，将地磅显示的毛重、皮重、净重、车牌号等数据收集、汇总，结合进出库单据数据和粮堆测控数据并交叉验证，保证粮食数量准确无误、单货一致。粮食数量监控示意图如图 5-9 所示。

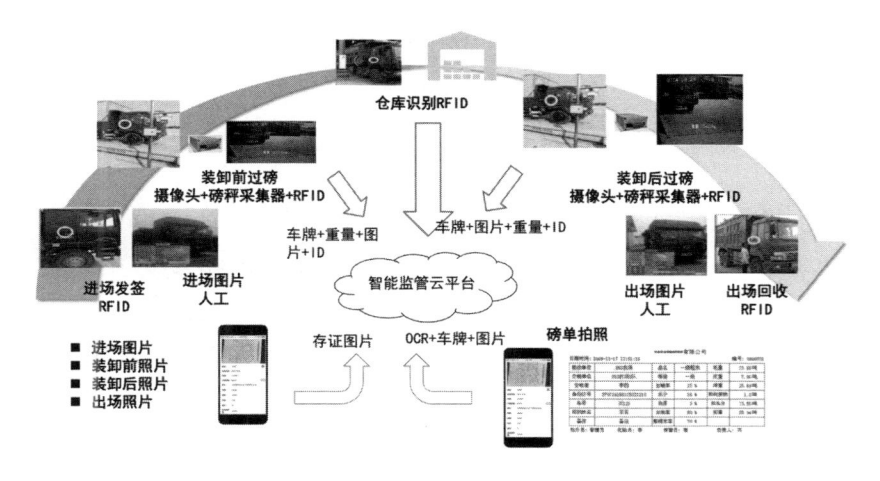

图 5-9 粮食数量监控示意图

（5）仓库库门管理-智能锁

具备物理隔离条件、独立管理的粮库的库门应加装蓝牙智能门锁，只有经过资金方/监管方授权出入库的仓库才可以通过现场人员开锁，最大限度保证监管库内粮食的安全。

（6）视频监控和 AI 摄像头

① 通过在库内存货点位布设摄像头，7×24 小时全天无死角实时记录货物存储状态和进出库作业情况，视频画面备份留存，作为证据以备核对。

② 通过 AI 摄像头，自动识别进出仓库大门和监管库区的车牌号，与粮食进出库数据核对，避免同一辆车的进出库数据被重复记录或漏录，保证数据真实性。

③ 设置人员白名单，通过 AI 摄像头自动识别进出监管库区的人员，对未经允许的陌生人的闯入做记录和报警。

④ 通过 AI 摄像头，划定监管区域，对未经授权进出监管区域的车辆、货物、人员的越界行为进行记录和报警。

（7）权利公示-粮权牌

在监管区域安设粮权公示牌，标明监管货物的基本信息、融资信息或交易信息，提醒第三人监管货物的权属，达到权利公示的目的。

2. 仓货过程管理

实现存货（仓单）全生命周期管理，实现多品类、多仓库、多监管设备的管理，并进行多维度数据监管、作业全流程监管（入库、地磅、加工、翻库、出库、盘点等），同时针对过程中产生的各类事件工单进行跟踪处理。

3. 风控与工单督导

运用物联网、区块链、人工智能、大数据技术，结合银行的风控要求，总结六大风控维度和数十种风控指标，对资产进行全方位实时监控，发现异常立即报警，并派送工单和远程督导跟踪工单处理情况，完成从风险识别、风险监测、风险预警到风险处置的全过程线上化管理。远程督导跟踪工单处理流程如图5-10所示。

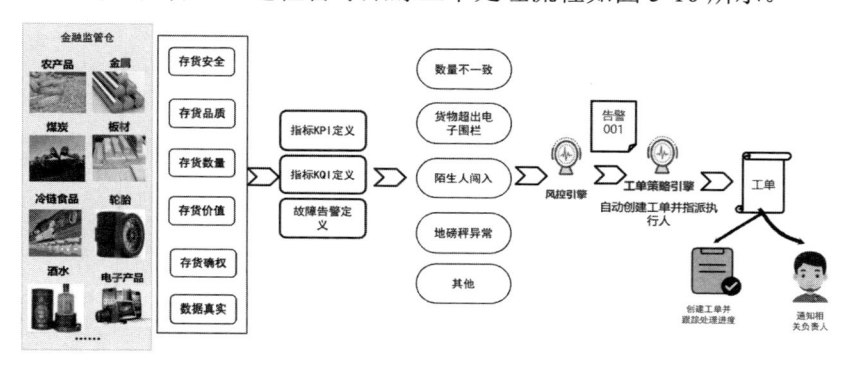

图5-10 远程督导跟踪工单处理流程

4. 仓单全生命周期管理

仓单全生命周期：仓单开具、仓单质押、仓单解押、登记公示，以及仓单处置流转。

5. 大屏展示和移动端多方接入

大屏实时展示全量业务信息、重点仓库作业情况和仓单运行情况，方便总部管理人员直观、实时地掌握业务运行状态和风险问题。

提供移动端多方接入，便于现场监管人员、行内项目相关人员实时了解业务运营状况、及时处理风险事件、现场盘点及风控飞行检查。

5.5.5 案例小结

国家层面对粮食安全非常重视,我们需要对已有的粮食安全保障体系进行不断优化和完善,确保粮食的供给以及流通更加稳定,因此盘活粮食存货资产、提供粮食仓单融资服务尤为重要。

粮食贸易行业中参与商家的利润水平较低,客户大多依靠快速的流通和规模化的运作才能达到盈利目标。因此,客户对于资金的需求往往追求规模效应,申请融资的金额也较大,粮食存货(仓单)质押融资业务市场空间巨大。

5.6 案例:佳怡供应链一体化协同平台

佳怡物流有限公司以第三方物流业务为主,为众多知名企业完成供应链及物流系统的设计、规划、运作、实施、分析、监控、改进等。公司为满足客户要求,提升行业竞争力,较早开展供应链平台的数字化转型,建立了以供应链协同平台为基础的一体化、数字化智能供应链系统,打造以协同化、可视化为核心的供应链管理核心能力,有效应对市场波动性和不确定性。以智能化为特征的智慧供应链平台,串联全链各参与方,及时感知供应链风险,支持供应链智能决策,大幅提高客户企业竞争优势,为客户企业创造价值,助力客户企业实现精准营销、高效运营的目标。

1. 平台功能

佳怡物流平台从供应链物流一体化管理角度设计，以客户订单为驱动，通过对平台的打造，实现了供应商、生产商、仓储企业、第三方物流企业、下游供应商等多方的信息共享，通过整合自有资源或社会资源，确保供应链正常运作和货物交付。

平台协同供应链多个环节，实现客户与数据的双向交互，通过智能化、自动化的信息获取方法，以数据建模和预测来支持决策分析，实现信息资源的共享价值；打通储运配物流全流程，通过仓储管理、运输管理、配送管理的一体化来优化订单交付过程，实现全程在途的可视化管理。

平台通过对仓储入库、在库、出库的信息汇总，运输的配载执行、分单配送，形成一体化的供应链运营和物流数据，通过数据的汇总与分析，提升供应链整体的运作效率和质量，降低物流成本。

平台整合各种物流资源，实现供应链全程可视化，优化供应链运营策略，实现供应链全过程的计划协同、自动预测，满足客户的个性化需求。

2. 平台功能架构

佳怡供应链一体化协同平台结构示意图如图 5-11 所示。

数字化供应链打通核心企业、供应商、司机、客户等之间的连接，共享"储、运、配"一体化信息，实现物流、商流、信息流与资金流的四流合一。

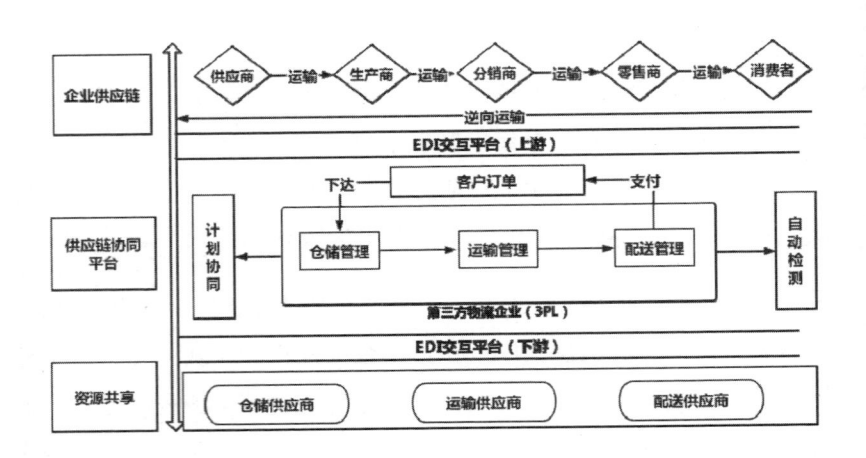

图 5-11　佳怡供应链一体化协同平台结构示意图

3. 模块功能

（1）订单调配

实现全渠道订单的接收，三方平台、公共接口、客户 ERP 实现接口交互，客户订单可在线上直接下达，实现无缝对接，提高对接效率，书面订单通过 OCR 识别，准确识别订单信息，并且通过建设不同的模板以及搭配深度学习算法，逐渐适应不同格式的订单，完美实现从物理订单到虚拟化系统订单的转变，完成订单的数字化模型，提高工作效率。

通过智能算法，根据货量、时效、客户喜好等建立数据模型，进行订单优化处理，自动解析组合商品、订单拦截规则、智能匹配留言信息等，实现订单的自动调配与管理，自动拆合订单并选择最优出库仓，实现订单任务智能下达。

(2)仓储运作

① 智能化仓储。软件与硬件结合,整个运作过程自动化,实现运作过程的数字化,对供应链的提质增效起到较大作用,仓储管理实现自动码盘、自动计算上架库位、波次/安全库存自动补货,前置生成装箱单,复核、称重、打单一体化作业,使用 PDA 技术、播种墙等自动分拣设备和技术。

② 智能化设备。在自动化设备方面,重点对 AGV 无人搬运车和无人仓应用设备方面开展研发及应用实践。通过对整个仓库的布局进行数据建模,实现 AGV 小车的动态路由规划,智能调度 AGV 小车,可实现货到人的应用场景,减少人员的走动,提高拣货效率,支持灵活可配的出入库策略,适应不同类型货品多样化出入库频次需求,可根据货品的出库频次及数量,自动计算仓库的摆放位置,提高出入库的效率及准确性。

在周转设备方面,佳怡公司自主研发标准智能托盘与周转箱,从整体设计、材质选择、智能配套、系统打通方面都实现了数字化,在托盘与周转箱使用了 RFID 射频标签,在仓库出入口配置了标准的射频标签读取设备,通过设备的物联接入实现了货物的快速出入。

系统集成 PC 端、RFID 射频读取设备、RFID 手持终端、手机 APP 功能于一体,实现对周转箱库内作业、出入库及在途跟踪信息的管理。

(3)运输管控

① 运输过程的数字化。针对整个供应链运输过程,通过 APP、小程序、微信等应用程序实现各环节运作信息的数据采集与上传。

② 运输调配的数字化。根据 GPS、移动终端等信息采集设备，实时获取所有运输车辆的动态数据（当前位置、运输路径）及异常状态，通过订单车辆匹配，实时获取所有运输车辆的货物装载情况（装载率等），再通过数据分析及数据建模，可以形成所有车辆资源的装载情况及位置情况的虚拟动态数据模型。

（4）智能决策

通过业务的数字化，实现了物理与数字的对应，积累了数据资源，进而实现数据分析与预测，形成数字世界的模型，进而形成数字世界的可视化 BI 智能系统，形成一套完整的数据采集、分析、应用、展示的业务场景。

① 数据分析。通过供应链的数据信息采集，借助信息化决策系统，利用大数据分析、云计算技术、智能算法的应用，搭建数字模型，在企业运营管理、决策支持等方面展开深入研究，促进信息化升级，助力智慧供应链发展，实现供应链物流全过程的智慧化和精细化管理，提升作业效率。

② 数据价值。全方位展示运营过程中的各项数据，实时查看和监控运营状况，通过数据预警，提前识别运营风险，尽早干预处理；通过对关键数据及 KPI 指标分析，为集团经营决策提供依据，验证决策的准确性与合理性；通过对运营实时数据与历史数据的全方位分析，发现数据潜在的价值，全面降低运营成本，提高运营效率，辅助决策，提升业务。

③ BI 智能大屏。数据中台的实时数据形成可视化 BI 智能系统，为数据的引用提供了应用场景，通过 BI 智能大屏了解实时运营状况及实时动态，提高决策效率，降低沟通成本，进而提升企业效益。

5.7 案例：佳世网络货运平台

在运输领域，我国的公路货运量占社会物流总量的 80%左右，但公路运输的能源消耗大、成本高、空驶率较高等，这与我国公路货运业总体运作水平不高、经营实体规模普遍偏小、整合度低等问题密切相关。

网络货运平台的行业痛点，主要表现为网络货运平台的发展同质化严重、服务单一、产品单一，并形成了网络货运行业发展的独角兽，新兴起的网络货运平台难以打破现有局面，发展较为困难。多数货运平台的服务本质仍处于找运力、找货源阶段，未能开展其他增值服务及业务模式。

网络货运需要解决更多的行业痛点问题，例如管理、资金、网络化、人才、产品设计、品牌服务、战略发展等，只有解决痛点问题才能提供高效、便捷、可靠、快速的全面服务，不断迭代升级，最后成为客户真正需要的货运平台。

1. 平台功能

佳世科技公司围绕"网络货运平台"，构建物流金融、共享平台、SaaS 系统、产业链产品四大业务板块，致力于打造智慧物流生态系统，系统贯通物流、信息流、轨迹流、资金流和票据流，实现业务的在线化、数字化、标准化、自动化和智能化，通过"数字物流、供应链生态圈"为客户提供数字基础设施及服务和数字物流解决方案。

同时，公司为供应链上下游客户提供软件、硬件和智能算法等一体化的数字物流解决方案，通过方案设计、部署和实施，全方位提升客户的物流管理能力及物流信息化水平，为客户创造价值。佳世科技平台功能示意图如图 5-12 所示。

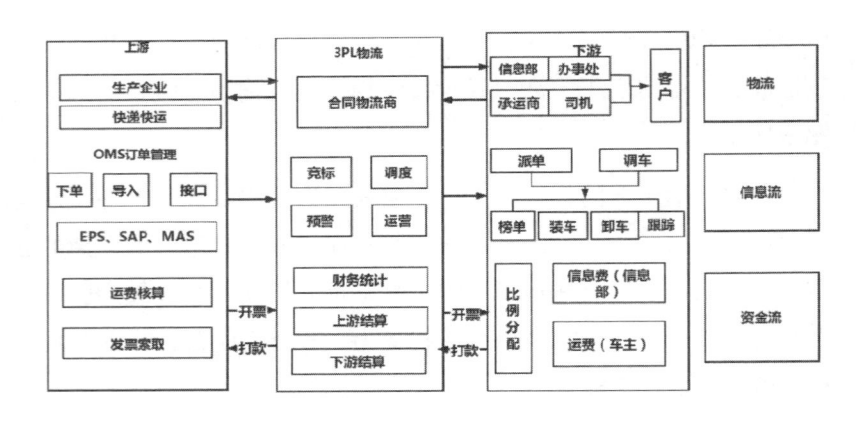

图 5-12　佳世科技平台功能示意图

（1）运管家主页功能

① 信息发布

信息发布主要通过公司平台网站门户端、后台管理端、司机端和货主端小程序实现。发货方可通过货主端填写货源信息进行发布，平台运营方也可通过后台管理端发布货运信息。平台运营方后台管理端可对货源、车源信息进行统一的修改、删除等。

② 线上交易

发货方和实际承运人通过货主端小程序和司机端小程序进行注

册、认证，通过平台审核后，货主发布货运信息，平台审核后推送至实际承运人，承运人接单后生成电子运单，并签订电子合同，保障各方合法权益，实际承运人交货并完成验证、费用结算，交易流程结束。

③ 金融支付

网络平台应具备核销对账、交易明细查询、生成资金流水单和在线支付功能。

④ 咨询投诉

平台具备咨询、举报投诉、结果反馈等功能。

⑤ 在线评价

平台对托运人、实际承运人进行信用打分及评级的功能主要通过货主端和司机端小程序体现。发货方发布货运，实际承运人接单、运输、卸货、结算后，双方可通过生成的电子运单，在各移动端提交评价信息，平台运营方进行数据汇总，并将货主和司机信用信息对外公布。

⑥ 数据调取

平台采用灵活的系统架构，可根据信息监测系统要求开发数据对接接口，进行各项数据上报。

（2）业务流程

网络货运平台的业务流程如图 5-13 所示。

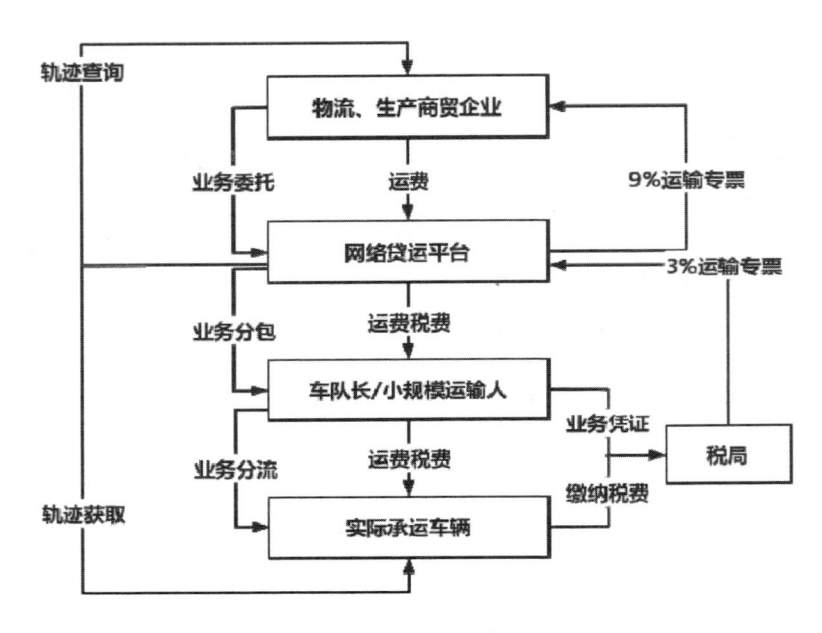

图 5-13 网络货运平台的业务流程示意图

网络货运平台实现了货主线上下单，实际承运人通过平台完成线下实际运输业务，将货送至客户手中的全过程，具体业务流程如下。

（1）货主/司机通过佳世网络货运平台完成实名认证注册后，货主在平台下单委托网络货运平台进行承运，平台将业务分包至具备承运资格的车队长或小规模运输人进行线下承运。

（2）实际承运人在装货、卸货过程中需上传装卸货照片，并保持手机或北斗设备处于正常运作状态，保证运输轨迹时刻透明，货主可通过平台实时查看货物所处状态。

（3）在运输完成后，货主将运费及服务费支付至平台指定虚拟子账户中，平台对订单进行审核，审核通过的订单将运费支付至实际承运人账户。

（4）完成支付的订单平台将为货主开具增值税专用发票（运输）邮寄至客户处，线上可查询发票信息。